HOMO TRANS FOBIA E DIREITOS SEXUAIS

DEBATES E EMBATES CONTEMPORÂNEOS

Keila Deslandes (Coord.)

HOMOTRANSFOBIA E DIREITOS SEXUAIS

DEBATES E EMBATES CONTEMPORÂNEOS

HOMOTRANSFOBIA E OS DESAFIOS À (RE)CONSTRUÇÃO DO DIREITO A PARTIR DA DIVERSIDADE
Alexandre Bahia (Org.)

SEGUIDO DE

DIREITOS SEXUAIS: ORIENTAÇÃO SEXUAL E IDENTIDADE DE GÊNERO NO DIREITO BRASILEIRO
Roger Raupp Rios

autêntica

UFOP

PROGED
Programa Educação para a Diversidade

COORDENADORA DA SÉRIE
CADERNOS DA DIVERSIDADE
Keila Deslandes

CONSELHO EDITORIAL
Adriano Nascimento – UFMG
Alcilene Cavalcante de Oliveira – UFG
Carla Cabral – UFRN
Érika Lourenço – UFMG
Keila Deslandes – UFOP
Mônica Rahme – PUC Minas
Richard Miskolci – UFSCar

EDITORAS RESPONSÁVEIS
Rejane Dias
Cecília Martins

REVISÃO
Lúcia Assumpção

CAPA
Alberto Bittencourt

PROJETO GRÁFICO
Tales Leon de Marco

DIAGRAMAÇÃO
Larissa Carvalho Mazzoni

Dados Internacionais de Catalogação na Publicação (CIP)
(Câmara Brasileira do Livro, SP, Brasil)

Homotransfobia e direitos sexuais : debates e embates contemporâneos, Keila Deslandes (coord.) ; Homotransfobia e os desafios à (re)construção do direito a partir da diversidade, Alexandre Bahia (org.) ; Direitos sexuais : orientação sexual e identidade de gênero no direito brasileiro, [autor] Roger Raupp Rios. -- Belo Horizonte : Autêntica Editora, 2018. -- (Série Cadernos da Diversidade)

ISBN 978-85-513-0306-1

1. Cidadania 2. Direito constitucional 3. Direitos humanos 4. Diversidade 5. Educação - Brasil 6. Identidade de gênero 7. Igualdade perante a lei - Brasil I. Bahia, Alexandre II. Rios, Roger Raupp. III. Deslandes, Keila. IV. Título: Homotransfobia e os desafios à (re)construção do direito a partir da diversidade. V. Título: Direitos sexuais : orientação sexual e identidade de gênero no direito brasileiro VI. Série.

18-12620 CDU-342.724(81)

Índices para catálogo sistemático:
1. Igualdade de gênero : Diversidade : Direito constitucional 342.724(81)

Maria Alice Ferreira - Bibliotecária - CRB-8/7964

GRUPO **AUTÊNTICA**

Belo Horizonte
Rua Carlos Turner, 420
Silveira . 31140-520
Belo Horizonte . MG
Tel.: (55 31) 3465 4500

Rio de Janeiro
Rua Debret, 23, sala 401
Centro . 20030-080
Rio de Janeiro . RJ
Tel.: (55 21) 3179 1975

São Paulo
Av. Paulista, 2.073,
Conjunto Nacional, Horsa I
23º andar . Conj. 2310 - 2312 .
Cerqueira César . 01311-940
São Paulo . SP
Tel.: (55 11) 3034 4468

www.grupoautentica.com.br

Sumário

Prefácio

Keila Deslandes

A Série Cadernos da Diversidade, sempre voltada para os Direitos Humanos de maneira ampla, traz, para esse oitavo número, a temática da homotransfobia e dos direitos sexuais. Mas, pela primeira vez, os autores e autoras são da área específica do Direito, trazendo um olhar ao mesmo tempo jurídico e crítico para a discussão que se coloca em pauta.

A primeira parte do livro, organizada pelo Prof. Dr. Alexandre Bahia, intitulada "Homotransfobia e os desafios à (re) construção do direito a partir da diversidade", é uma coletânea de diversos textos, oriundos dos trabalhos do Grupo de Pesquisa Interinstitucional: "Omissão Inconstitucional e o Papel do STF na ADO n.º 26", coordenado por ele, na UFOP.

A segunda parte do livro, por sua vez, foi escrita pelo desembargador federal Roger Raupp Rios, da 4ª Região (TRF4), vencedor do I Concurso Nacional de Decisões Judiciais e Acórdãos em Direitos Humanos do Conselho Nacional de Justiça (CNJ), na categoria Direitos das Mulheres, no ano de 2017. Em seu texto, Rios trata dos "Direitos sexuais: orientação sexual e identidade de gênero no direito brasileiro", para traçar um panorama dos direitos sexuais no Brasil, a partir da perspectiva dos direitos humanos e dos direitos fundamentais. Numa perspectiva histórica, sociológica e jurídica, o texto analisa a atuação do Direito em face ao debate brasileiro contemporâneo em torno do chamado movimento LGBTI.

Num momento em que os movimentos sociais e os Direitos Humanos vêm sendo alvo de golpes e retrocessos, os debates apresentados nesta obra trazem um fôlego para as nossas reflexões, sonhos e utopias de uma sociedade mais justa, igualitária e solidária, onde a empatia ofereça o parâmetro das relações humanas e sociais.

Homotransfobia e os desafios à (re)construção do direito a partir da diversidade

Alexandre Gustavo Melo Franco de Moraes Bahia
(Organizador)

Sumário

Introdução

Alexandre G. Melo Franco de Mora Bahia

A presente obra é resultado do Grupo de Pesquisa Interinstitucional: "Omissão Inconstitucional e o Papel do STF na ADO n.º 26". O grupo é coordenado por mim, tendo sede na UFOP, mas contando com alunas/os também de outras IES, inclusive de fora do Estado de Minas Gerais. A pesquisa faz parte da Bolsa de Produtividade do CNPq que obtive em 2016 e abarca, outrossim, financiamentos do Edital de Pesquisador da UFOP e, mais recentemente, do Edital Universal da FAPEMIG.

O objeto da pesquisa é a Ação Direta de Inconstitucionalidade por Omissão n.º 26, atualmente em trâmite no STF, que trata da omissão inconstitucional do Brasil em não regulamentar a homotransfobia. Assim, após ter um Projeto de Lei (PLC. 122/06) tramitando por muitos anos, o Congresso Nacional brasileiro permitiu que o mesmo fosse arquivado sem deliberação final, mesmo após intensas discussões e tentativas de acordos entre grupos parlamentares progressistas e conservadores. Com isso o Brasil permanece sem um instrumento legal apto a coibir/punir as constantes violações físicas e morais pelas quais passam lésbicas, gays, bissexuais, transexuais, travestis e transgêneros (reunidos sob a sigla LGBT) todos os dias no país.

As reuniões do Grupo se iniciaram em junho de 2016 e buscaram, inicialmente, se debruçar sobre as petições, despachos e manifestações do autor da ADO n.º 26, Ministros do STF, PGR e *amici curiae*. Ao mesmo tempo houve aprofundamento sobre legislação (nacional e internacional de Direitos Humanos), doutrina e jurisprudência dos nossos Tribunais sobre questões relacionadas aos LGBT, como a ADPF. n.º 132 e seus posteriores desdobramentos, assim como sobre a tramitação e os debates em torno do citado PLC. 122/06.

Durante todo o processo da pesquisa os membros foram incentivados a produzir textos. Alguns já foram objeto de publicação em revistas, mostras de iniciação científica e anais de eventos. Outros foram reunidos na presente obra.

Agradecemos ao CNPq e à UFOP pelo financiamento; igualmente, agrademos à Profa. Dra. Keila Deslandes e à Editora Autêntica pela ajuda na divulgação da pesquisa através do presente que pode auxiliar futuras pesquisas sobre o tema bem como pode servir de auxílio ao STF na tomada de decisão da citada ação.

Apresentação

Paulo Roberto Iotti Vecchiatti

O presente livro trata de tema de alta relevância, tanto histórica quanto contemporânea, em razão da grande controvérsia social e jurídica dos últimos anos, desde as discussões do Plano Nacional de Educação, no final de 2014, relativamente à questão do direito à não discriminação em razão de *gênero, identidade de gênero e orientação sexual* nas escolas. Tema este, aliás, objeto de recente ação direta de inconstitucionalidade, com pedido de *interpretação conforme a Constituição*,[1] que tive o privilégio de elaborar, em nome do Partido Socialismo e Liberdade (PSOL), na qual se pede o reconhecimento do dever constitucional de as escolas, públicas e privadas, coibirem as discriminações por gênero, identidade de gênero e orientação sexual a meninas (cisgêneras e transgêneras), bem como a pessoas LGBTI (Lésbicas, Gays, Bissexuais, Travestis, Transexuais, Transgêneros e Intersexuais). A ação, distribuída ao Ministro Edson Fachin, recebeu o n.º 5.668.

Cabe, inicialmente, um breve histórico sobre a luta dos movimentos de emancipação das mulheres.

A *igualdade de gêneros* constitui pauta histórica do movimento feminista na luta contra a opressão da mulher pelo homem ao longo dos tempos. Superando noções *essencialistas* que pregavam a inferioridade das mulheres relativamente aos

---

1 Para notícias que disponibilizam a íntegra da petição inicial, vide: <http://justificando.cartacapital.com.br/2017/03/09/psol-vai-ao-stf-para-escolas-coibirem-bullying-contra-alunos-lgbti/> e <http://emporiododireito.com.br/partido-vai-ao-stf-contra-discriminacoes-por-genero-identidade-de-genero-e-orientacao-sexual-nas-escolas/> (Acesso em: 12 mar. 2017).

homens por supostas "razões da natureza", os estudos feministas, ao longo do século XX, demonstraram que tal discriminação da mulher é puramente cultural, ou seja, decorre de uma ideologia machista e hierárquico-patriarcal.

O machismo hierárquico-patriarcal teve grande repercussão no âmbito das famílias – tomando o exemplo brasileiro, o Código Civil de 1916 (BRASIL 1916), em sua redação original, enunciava o marido como *chefe da sociedade conjugal* (art. 233), fazendo com que a *mulher casada* se tornasse *relativamente incapaz* para os atos da vida civil (art. 6º, II), necessitando de autorização do marido para poder exercer profissão (art. 242, VII). Só com o Estatuto da Mulher Casada (Lei 4.121/1962 - BRASIL, 1962), a absurda necessidade de autorização do marido para o exercício de profissões e a igualmente opressora diminuição da capacidade civil da mulher deixaram de existir, alterando-se o Código Civil, ainda, para torná-la, além de companheira e consorte, "colaboradora dos encargos da família, cumprindo-lhe velar pela direção material e moral desta" (art. 240 – NR), devendo, portanto, as decisões serem tomadas em conjunto, pelo casal. Mas, em caso de discordância, prevalecia a vontade do homem-marido, embora admitindo-se, agora, que a mulher ingressasse na Justiça, para pedir que o juiz (normalmente, *outro homem*) decidisse se a posição de seu marido deveria ou não prevalecer. A mulher-esposa era, assim, quase completamente submissa aos desmandos do marido, ressalvadas taxativas exceções legais ao arbítrio do marido no exercício da chefia da sociedade conjugal, visando à proteção da mulher – como, por exemplo, a necessidade de autorização da esposa (outorga uxória) para alienar imóveis, sobre eles litigar, prestar fiança ou realizar doação não remuneratória de bens que não fossem de pequeno valor (art. 235, I a IV), não obstante permitisse ao marido pedir, na Justiça, o suprimento judicial da recusa da mulher, quando o juiz a considerasse injusta (art. 238).

Como se vê, os valores sociais da época, machistas e hierárquico-patriarcais, não admitiam autonomia social à mulher como regra geral; só a admitiam em hipóteses bem excepcionais, como em caso de viuvez ou separação judicial[2] (caso em que cessava sua incapacidade civil, ante o término da sociedade conjugal – art. 6º, II), quando o marido estivesse servindo o Exército ou tivesse se tornado incapaz para os atos da vida civil (art. 251, I a III). Então, no seio da família, *célula mater da sociedade*, primeira (embora não única[3]) responsável pela formação dos indivíduos para o convívio em sociedade, o chamado *Direito de Família*[4] acabou legalizando essa ilegítima

---

[2] Na época, a separação judicial era chamada de "desquite", termo que se tornou altamente pejorativo *à mulher desquitada*, a qual sofria forte ojeriza social em razão disso. Por conta dessa carga semântica pejorativa, abandonou-se o termo, adotando-se a expressão "separação judicial", a qual deixou de existir com a Emenda Constitucional n.º 66/2010 (BRASIL 2010), que aboliu referido instituto e afirma o divórcio como forma de encerrar a sociedade conjugal (tema ainda objeto de polêmica na doutrina, embora a corrente aparentemente majoritária siga para a posição aqui defendida).

[3] As escolas, longe de se limitarem a ensino técnico voltado à aprovação no vestibular, devem ensinar crianças e adolescentes a conviverem com as diferenças. É, inclusive, o que dispõe a Lei de Diretrizes e Bases da Educação – LDB (BRASIL, 1996), cujo art. 3º, IV, aduz que devem as escolas promover o ensino com base nos princípios da liberdade e do apreço à tolerância – o que significa o dever de ensinar (pelo menos), o dever de tolerar aqueles que são diferentes de nós e que agem de forma distinta da nossa.

[4] Contemporaneamente, a doutrina de vanguarda fala em *Direito das Famílias*, no plural. Isso porque o *Direito de Família*, anterior à Constituição Federal de 1988, reconhecia, como "família legítima" (sic), apenas a união matrimonializada entre homem e mulher. O que conhecemos hoje como "união estável", expressão cunhada pela CF/88 (art. 226, §3º), era uma forma de concubinato, a união não eventual entre duas pessoas não casadas – um *concubinato puro* (sic), por contraído entre pessoas não proibidas de se casar, o qual, mesmo assim, não era reconhecido como *família legítima*. Com o reconhecimento constitucional da união estável e da família monoparental como entidades familiares, bem como pela conclusão, doutrinário-jurisprudencial, no sentido do rol de entidades familiares, do art. 226 da CF/88, ser meramente exemplificativo (e não taxativo), consagrou-se o *princípio da pluralidade de entidades familiares* pela Constituição Federal de 1988. Assim, se no passado o Direito protegia apenas uma forma de *família*, atualmente, o Direito protege várias *famílias*. Daí ser mais pertinente falar-se em *Direito*

inferiorização da esposa relativamente ao marido – como o Direito em geral inferiorizava a mulher relativamente ao homem em outros aspectos, como no caso do *direito ao voto*, permitido, no Brasil, à mulher, somente em 1932.[5] Tamanha era essa inferiorização, que se chegava ao absurdo de permitir-se ao marido *anular o casamento da esposa previamente deflorada* (!?) (art. 178, §1º): impunha-se à mulher a virgindade antes do casamento como única forma de se garantir que o patrimônio do homem-marido fosse transmitido apenas a seus *herdeiros de sangue*, dada a inexistência de testes clínicos com a precisão do atual exame de DNA, que garante de forma inquestionável a certeza da filiação.

É contra situações tais que se insurgiu e continua a se insurgir o feminismo, *movimento emancipatório de mulheres que lutam pela igualdade real de direitos entre homens e mulheres na sociedade.* Feminismo não é antônimo de machismo: o *machismo* é uma ideologia opressora, que visa defender a inferiorização da mulher frente ao homem; o *feminismo* é uma ideologia emancipatória, que busca garantir às mulheres os mesmos direitos garantidos aos homens, sem discriminações. Pois, ainda hoje, permanecem diversas discriminações sociais contra as mulheres. A mais famosa refere-se ao fato de a mulher-trabalhadora receber um salário, em média, 30% inferior ao homem-trabalhador, pelo exercício da mesma função[6] – e isso a despeito da proibição constitucional expressa

---

das Famílias do que em *Direito de Família*. Da mesma forma em que sempre se falou em *Direito das Sucessões*, no plural, por haver mais de uma forma de sucessão hereditária no país – de sorte a que a existência de mais de uma forma de família juridicamente protegida pelo Direito justifica o uso do plural também na seara familiarista.

[5] Decreto n.º 21.076/32 (Código Eleitoral), cujo art. 2º instituiu o direito de voto "sem distinção de sexos".

[6] Obviamente, refere-se a situações que não se enquadram na exceção legal, que admite diferença de salários entre trabalhadores(as) que exerçam as mesmas funções, se houver mais de dois anos de diferença entre eles(as) no que tange à data de contratação (art. 461 da CLT – BRASIL, 1943).

a discriminação salarial, por motivo de sexo (art. 7º, XXX, da CF/88).

Marco da história do feminismo foi o famoso livro de Simone de Beauvoir, *O segundo sexo*, de 1949 (Beauvoir, 1960), cuja tese principal pode ser sintetizada na paradigmática frase que abre o segundo volume da obra: "Não se nasce mulher, torna-se mulher". Frase esta que, por vezes, gera mal-entendidos, embora muitos deles decorram de um dos grandes problemas do mundo contemporâneo: a ânsia de comentar algo sem se inteirar do assunto – e com base em meros *achismos*, e não de opiniões maturadas após estudos sérios sobre o tema. No caso, a vontade de se manifestar sobre a tese de um livro, sem sequer tê-lo lido, para bem compreendê-lo. Presume-se ser o caso da Câmara de Vereadores de Campinas (SP), ao elaborar uma *nota de repúdio* a Simone de Beauvoir (!?), em razão de sua famosa frase ter sido objeto de pergunta no Exame Nacional do Ensino Médio (ENEM), em 2015. A toda evidência, e ao contrário do que o simplismo acrítico que se pretende contrário a Beauvoir já chegou a pregar, é evidente que a autora não disse que as pessoas não nascem com determinado genital (pênis ou vagina). O que Beauvoir defende é que não há nada na natureza que *imponha* à mulher um destino de subordinação ao homem, que é algo decorrente da cultura de cada sociedade concreta. De sua teoria, popularizou-se, pelo menos entre estudiosas(os) de gênero e sexualidade, a compreensão segundo a qual *sexo* é algo que decorre da natureza e *gênero*, algo decorrente da cultura.

Gênero se refere ao conjunto de características socialmente atribuídas e impostas pela sociedade às pessoas ao nascerem, em razão de seu genital, em termos de masculinidade e feminilidade. Visa identificar, assim, *homens* e *mulheres*. Ou seja, quando um bebê nasce com um pênis, ele é designado como *menino*, ao passo que quando um bebê nasce com uma vagina, é designado como *menina*. Dessa singela característica física, uma enormidade de diferenças sociais, de tratamento, é imposta a essa criança, desde sua educação. Àqueles bebês designados como *meninos*, são dadas roupas *azuis*, brinquedos cujo uso demanda brincadeiras *fora* do lar, educação voltada à *vida externa* e a valores relacionados à *racionalidade* e ao sucesso *profissional*, bem como é amplamente encorajado, a partir da adolescência, o livre exercício da sexualidade. Já àqueles bebês designados como *meninas*, são dadas roupas cor-de-rosa, brinquedos cujo uso demanda brincadeiras *dentro* do lar, educação voltada à vida *familiar* e a valores relacionados à *sensibilidade* e à *maternidade*. Embora nos grandes centros urbanos a situação esteja mudando um pouco e gradativamente, além dessa evolução não chegar a diversas cidades menores, é inegável que a *menina* recebe uma educação distinta daquela dada ao *menino*. Logo, acaba sendo uma consequência lógica que *homens adultos* acabem tendo, em geral, características distintas das *mulheres adultas*, pois, com educações distintas, acabam desenvolvendo aptidões distintas e adquirindo formas de agir e pensar também diferentes. São diferenças que decorrem da criação e dos valores culturais predominantes, que acabam gerando, inclusive, desenvolvimento de áreas distintas do cérebro, o que se cita devido ao fato de, no passado, ter-se utilizado da biologia como forma de se tentar justificar a existência de *funções distintas* a homens e mulheres na sociedade (por exemplo, pelo tamanho do cérebro[7]). Para ficar em apenas um exemplo, a área do cérebro relacionada à racionalidade é distinta daquela relativa à sensibilidade. Ora, é fato notório que o uso reiterado de determinada aptidão gera seu desenvolvimento e o pouco uso de outra, o seu atrofiamento: tendo a sociedade garantido ao homem educação

---

[7] Para breves análises dessas teorias biologizantes, que visavam dar respaldo pretensamente "científico" à diferenciação de funções entre homens e mulheres na sociedade e na família, ver: BEVILACQUA (1938. p. 171-180) e ESPÍNOLA (1954. p. 239-251). São teorias das quais se discorda, na medida em que atribuíram, como *causa* (supostamente "natural"), aquilo que era, na verdade, o *efeito* (características biológicas decorrentes de influências externas, do meio social em que se vive, e/ou aptidões da generalidade de homens e mulheres, decorrentes do meio social, e não da "natureza", como tais teorias queriam fazer crer).

e incentivo à racionalidade e ao trabalho externo, e à mulher, o incentivo à sensibilidade e à vida familiar, não surpreende que a generalidade das pessoas atenda a essas características. O grande problema reside em se presumir que isso seria "natural", no sentido de decorrente de uma biologia metafísica, no sentido de não influenciada pelas condutas das gerações anteriores, quando, na verdade, essas questões são puramente *culturais*, por serem decorrentes dos valores predominantes em determinada sociedade. São valores que devem, ainda, ser igualmente contestados e abandonados neste caso, por serem caracterizadores da ideologia machista-hierárquico-patriarcal.

Por outro lado, já há algumas décadas os(as) estudiosos(as) sobre gênero têm se preocupado com questões relacionadas, ainda, à identidade de gênero e à orientação sexual.

A *identidade de gênero* refere-se ao *gênero* com o qual a pessoa se identifica. Ou seja, refere-se ao fato de a pessoa se identificar como *homem* ou como *mulher*, relativamente ao *binarismo de gêneros* socialmente predominante. Visa identificar, assim, pessoas cisgêneras e transgêneras, estas últimas dividindo-se entre travestis e transexuais (mulheres transexuais e homens trans). *Cisgênera* é a pessoa que se identifica com o gênero que lhe foi atribuído, ao nascer, em razão de seu genital. *Transexuais* são pessoas que se identificam com o gênero oposto àquele que lhes foi designado no nascimento em razão do seu genital, querendo ser por ele reconhecidas (*mulheres transexuais* são as pessoas designadas como "meninos" no nascimento, mas que se entendem como mulheres, e *homens trans* são as pessoas designadas como "meninas" no nascimento, mas que se entendem como homens). *Travestis* são pessoas que possuem expressão de gênero feminina, mas não se identificam propriamente nem com a feminilidade nem com a masculinidade: identificam-se como travestis e querem ser respeitadas como tal. São *questões identitárias*, não doenças, razão pela qual se apoia aqui a campanha internacional *Stop Trans Pathologization*: a França despatologizou a transexualidade em 2009, ao passo que o Conselho Regional de Psicologia de São Paulo aderiu à citada campanha no dia 26 de maio de 2011,[8] quatro dias depois da adesão do Conselho Federal de Psicologia.[9]

A *orientação sexual* se refere ao sexo (no sentido de gênero) que atrai a pessoa de maneira erótico-afetiva. Visa identificar, assim, pessoas heterossexuais, homossexuais, bissexuais e assexuais.

Essas são expressões consagradas em legislações nacionais e internacionais mundo afora. Elas têm os significados técnicos acima apontados, jamais implicando em qualquer proteção à pedofilia, como, absurdamente, fundamentalistas religiosos e reacionários em geral, por vezes, apontam, para se opor à sua consagração legal. Trata-se, portanto, de crítica pautada em ignorância (desconhecimento) ou má-fé, que, portanto, não pode ser aceita por quem tenha mínimos conhecimentos na área de gênero e sexualidade.

O grande problema, em termos de orientação sexual e de identidade de gênero, refere-se ao heterossexismo e ao cissexismo que predominam na sociedade. *Heterossexismo* é a ideologia que prega a superioridade da heterossexualidade sobre a homossexualidade e a bissexualidade. *Cissexismo* é a ideologia que prega a superioridade da cisgeneridade sobre as identidades transgêneras (travestilidade e transexualidade). Logo, o *heterocissexismo* é uma ideologia que gera opressões e discriminações contra pessoas LGBTI, por impor que as pessoas se identifiquem com o gênero que lhes foi designado, no nascimento, em razão de seu genital (cissexismo), bem como que só se relacionem com pessoas do sexo oposto ao seu (heterossexismo). De forma equivalente, o *machismo* é uma ideologia que gera opressões às mulheres (cisgêneras ou transgêneras), ao inferiorizá-las frente aos homens, gerando discriminações sociais.

Contra todas essas ideologias opressoras volta-se a presente obra, ao tratar da *Homotransfobia e os desafios à (re)construção*

---

[8] Para o manifesto do CRP/SP em prol da despatologização das identidades trans, publicado em 26 maio 2011, vide: <http://www.crpsp.org.br/portal/midia/fiquedeolho_ver.aspx?id=365>. (Acesso em: 27 fev. 2016).

[9] Cf. <http://despatologizacao.cfp.org.br/sobre/>. (Acesso em: 27 fev. 2016).

do direito a partir da diversidade. O(A) leitor(a) pode se perguntar o motivo de se repetir tanto a palavra "ideologia", especialmente no parágrafo anterior. A razão decorre do verdadeiro "espantalho moral",[10] criado por fundamentalistas religiosos e reacionários em geral, ao inventarem a expressão "ideologia de gênero"[11] para, em seguida, combatê-la – *e, claramente, com o intuito específico de se opor ao reconhecimento da igual dignidade de pessoas LGBTI relativamente a pessoas heterossexuais cisgêneras.* Pelo menos no Brasil, onde ela é usada para combater a ideia de que as escolas devem coibir as discriminações contra a população LGBTI, algo amplamente demonstrado na petição inicial da ADI n.º 5.668 (item 3.1.1, p. 25-41). Com tal expressão, utiliza-se o termo "ideologia" em sua acepção pejorativa, como "algo contrário à realidade empírica, objetivamente constatável", para, com isso, defender-se a *tese ideológica* segundo a qual haveria destino biológico imutável a homens e mulheres, proveniente da natureza ou mesmo de Deus, para, com isso, negar-se legitimidade às identidades LGBTI, tidas, por tais pessoas, como "inferiores" à heterossexualidade cisgênera. Há, claramente, uma *contradição performativa*, pois essa tese, defendida pelos criadores da expressão "ideologia de gênero", é efetivamente *ideológica* – mas no sentido de sistema de ideias/crenças sustentadas por determinadas pessoas ou grupos sociais, visando determinados fins. Sendo as ciências humanas ciências

---

[10] Fala-se no sentido do famoso (e nefasto) *argumento do espantalho:* criou-se um *monstro*, inexistente no mundo real, e passou-se a combatê-lo, como se efetivamente existisse.

[11] A expressão foi, aparentemente, popularizada por discurso do Papa Bento XVI, na Cúria Romana, em 21 de dezembro de 2012, para quem a "ideologia de gênero" seria a filosofia pela qual "o sexo já não é um dado originário da natureza que o homem deve aceitar e preencher pessoalmente de significado, mas uma função social que cada qual decide autonomamente", ao que referido Chefe da Igreja Católica se opôs, por considerar "a dualidade de homem e mulher como um dado da criação", bem como "a família como realidade preestabelecida pela Criação". Cf. <https://medium.com/jornalistas-livres/respeito-se-aprende-na-escola-150d9a6d9894#.mctntisct>. (Acesso em: 17 jul. 2016).

da *compreensão*, a elas não se pode atribuir o mesmo significado de "ciência" atribuído às ciências exatas, que são ciências da *constatação*. Nestas, pode-se verificar, empiricamente, se um fato acontece ou não (ainda que sob determinadas circunstâncias fáticas), gostemos ou não dele. Naquelas, trata-se de *valorar*, como positivo ou negativo, determinado fato.

De qualquer forma, à luz do conceito (altamente contestado na Filosofia) de ideologia como algo contrário à realidade objetiva, cabe notar que quem fecha os olhos à realidade empírica, objetivamente constatável, é quem nega a existência de *crianças e adolescentes LGBTI* e às opressões que sofrem nas escolas. Esse é o objeto da citada ADI n.º 5.668, distribuída perante o STF e citada no início deste prefácio: que se reconheça a existência de crianças e adolescentes LGBTI e se combatam os *bullyings* lesbofóbico, gayfóbico, bifóbico, transfóbico e machista nas escolas, dado que a ação pede que o Supremo determine às escolas que coíbam as discriminações *por gênero, por identidade de gênero e por orientação sexual.*[12]

Esta obra vem em boa hora, para contribuir para a superação de preconceitos e discriminações sociais que ainda assolam as minorias sexuais e de gênero, *no que tange a seu gênero, identidade de gênero e/ou orientação sexual.* Vale citar que seu organizador, o professor Alexandre G. Melo Franco de Moraes Bahia, doutor em Direito Constitucional e um querido amigo, é um relevante estudioso das questões jurídicas relacionadas às distintas orientações sexuais e identidades de gênero, com diversos artigos já publicados sobre o tema.

Importante análise dos precedentes da Corte Interamericana de Direitos Humanos (Corte IDH) é feita no artigo de Alexandre Bahia e Rainer Bomfim.[13] Desde a conceituação de

---

[12] Não cabe, nos limites deste prefácio, explicar amplamente os fundamentos da referida ação. Para tanto, remete-se o(a) leitor(a) interessado(a) à íntegra da petição inicial, disponível no *site* do Supremo Tribunal Federal, bem como nos links constantes da primeira nota de rodapé deste prefácio.

[13] "Análise dos precedentes que envolvem discriminação por orientação sexual no Sistema Interamericano de Direitos Humanos".

orientação sexual e *identidade de gênero* até, especialmente, a análise de decisões da Corte IDH e atos normativos internacionais, além de precedentes do Tribunal Europeu de Direitos Humanos, a demonstrar que a homotransfobia configura ato violador dos direitos humanos da população LGBTI. O ponto alto, evidentemente, é a análise de paradigmáticas decisões pró-LGBTI da Corte IDH: os casos *Atala Riffo y Niñas vs. Chile* (2012), coibindo a discriminação perpetrada contra uma mulher lésbica, ao se retirar a guarda de suas filhas apenas em razão de sua lesbianidade, *Duque vs. Colômbia* (2016), condenando a discriminação de companheiro homoafetivo, ao negar-lhe o direito à pensão previdenciária, e *Flor Freire vs. Equador* (2016c), que reprimiu a discriminação por orientação sexual no serviço militar.

O texto de Gustavo Valadares e João Paulo Rodrigues Almeida[14] tem a importância paradigmática de apontar o discurso discriminatório a pessoas LGBTI como (decorrente e caracterizador de) *discurso de ódio*, algo absolutamente relevante, ante a verdadeira *banalidade do mal homotransfóbico* que vivemos na atualidade. Pessoas "de bem", e não "monstros abomináveis", acham-se detentoras de um pseudo "direito" de ofender, discriminar e, até mesmo, agredir e matar pessoas LGBTI por sua mera orientação sexual não heteroafetiva ou sua identidade de gênero transgênera. Daí a pertinência de estudos que defendam a ilicitude das incitações ou preconceitos contra pessoas LGBTI – algo que deveria ser uma obviedade, mas, lamentavelmente, não é. Tanto que há a incrível necessidade, no âmbito da Organização das Nações Unidas (ONU), de afirmar que *direitos LGBTI são direitos humanos*, algo ainda negado por muitos países.

O artigo de Marcelo de Oliveira Filho e Volneida Costa[15] me é particularmente caro, por tratar de objeto similar ao da

[14] "Direito Constitucional: A LGBTfobia como resultado do discurso de ódio".

[15] "Debate sobre o papel do Estado e a discussão da orientação sexual na Proposta de Base Nacional Comum Curricular".

ADI n.º 5668 (BRASIL, 2017), que recém distribuí, em nome do PSOL, perante o STF, ao tratar da diversidade sexual e de gênero nos debates sobre a Proposta de Base Nacional Comum Curricular, como já mencionei. Defendem que os parâmetros nacionais curriculares tratam (corretamente) a sexualidade como algo inerente ao ser humano, razão pela qual devem, também, tratar das orientações sexuais não heteroafetivas como igualmente dignas de reconhecimento e proteção estatal, para educar nossas crianças e adolescentes para respeitarem pessoas LGBTI.

O artigo de Luiz Carlos Garcia e Michelly Etelvina Cabral Marins[16] versa sobre o horrendo tema da violência sexual praticada contra as mulheres (estupro). Explica a verdadeira e nefasta *cultura do estupro*, inconscientemente transmitida e ainda vigente na sociedade. Problematizam os autores, ainda, *estereótipos de gênero genitalizantes da pessoa humana*, ao bem apontarem que (absurdamente) o *pênis* é visto como um símbolo de poder, e a *vagina*, ligada apenas à maternidade e à promiscuidade, na construção social de masculinidade e feminilidade – tanto, acrescente-se, que a sexualidade do homem é amplamente valorizada pela sociedade, ao passo que a da mulher é reprimida, ao se analisarem as mesmas posturas de homens e mulheres. Nesse contexto de inferiorização da mulher frente ao homem, pelas "tecnologias de gênero" (termo usado pela Profa. Teresa de Lauretis, da Universidade de Santa Cruz, na Califórnia) (LAURETIS, 1987), os autores apontam, corretamente, o estupro como uma doença social, decorrente da ideologia patriarcal, e não de homens isoladamente considerados. É nesse contexto que bem analisam as *violências de gênero*, praticadas contra as mulheres, apontando que "há estupros no Brasil porque os homens são criados para se conduzirem de forma a entender a mulher como inferior e subalternizada, em sentido amplo, enquanto a mulher é criada para acreditar e reproduzir isso" – bem mencionando, ainda, os horrendos "estupros corretivos" (sic), cometidos contra mulheres lésbicas e bissexuais, pela

[16] "Do que elas têm medo: uma discussão de gênero, violência e ódio".

intolerância do homem heterossexual à lesbianidade ou bissexualidade delas.

O artigo de Giovanna Bianca Trevizani[17] trabalha o tema da transexualidade. Bem aponta a chamada *cirurgia de transgenitalização* como uma opção individual da pessoa transexual, que não pode ser imposta pelo Estado para o usufruto do direito à identidade pessoal da pessoa. Trabalha, ainda, a questão conceitual relacionada à transexualidade, explica o histórico reconhecimento, pela Ordem dos Advogados do Brasil (OAB), do direito ao *nome social* de advogadas travestis e transexuais, menciona a insuficiente proteção estatal às pessoas trans, analisa o atendimento do Sistema único de Saúde (SUS) a pessoas transexuais e o entendimento jurisprudencial favorável ao direito à identidade pessoal das pessoas trans.

O artigo de Alexandre Bahia, Gabriela Vital Ribeiro e Lohany Dutra Amorim[18] trata do tema do direito à igualdade e a consequentemente inconstitucionalidade das discriminações por orientação sexual e por identidade de gênero. A análise se dá a partir da doutrina de Habermas, em sua famosa obra sobre *A inclusão do outro*, perspectiva ainda pouco conhecida no Direito brasileiro, bem como à luz da célebre doutrina kantiana sobre a dignidade da pessoa humana, proibitiva da instrumentalização de determinada parcela da humanidade, ainda que em prol de ideais majoritários diversos. Analisam, ainda, diversas discriminações sociais homotransfóbicas, bem apontadas como situações de intolerância, da maioria heterossexual cisgênera, contra as minorias LGBTI, de forma a ferir os valores democráticos relativamente às minorias sexuais e de gênero.

Por fim, o artigo de Francis Augusto Duarte[19] versa sobre a influência do Direito nas transformações sociais a partir de

---

[17] "Meu corpo, minhas regras: a transexualidade sob a luz do Direito Constitucional e as lacunas do Estado Democrático de Direito".

[18] "LGBT: Sociedade plural e a busca pelo direito igualitário".

[19] "A influência do STF no reconhecimento das mudanças comportamentais da sociedade brasileira no tocante à minoria LGBT".

mudanças em normas e, particularmente, quanto aos LGBT e a atuação do STF. Faz uma análise histórica das lutas da população LGBT para a conquista de seus direitos, bem como demandas do Movimento LGBT ainda não atendidas, como a criminalização da homotransfobia.

As considerações acima sobre os textos desta obra estão longe de esgotar a riqueza deles. Ficam como convite para o(a) leitor(a) os ler e se aprofundar nos temas respectivos, todos de grande importância para os direitos das mulheres e da população LGBTI.

Boa leitura!

Referências

BEAUVOIR, Simone. *O segundo sexo: fatos e mitos*. São Paulo: Difusão Europeia do Livro, 1960.

BEVILACQUA, C. *Direito de Família*. Rio de Janeiro: Freitas Bastos, 1938.

BRASIL. Código Civil. Lei n.º 3.071, de 1º de janeiro de 1916. Disponível em: <http://www.planalto.gov.br/Ccivil_03/leis/L3071.htm>. Acesso em: 09 fev. 2018.

BRASIL. *Consolidação das Leis do Trabalho (CLT)*. Decreto-Lei n.º 5.452, de 1º de maio de 1943. Disponível em: <http://www.planalto.gov.br/ccivil_03/decreto-lei/Del5452.htm>. Acesso em: 09 fev. 2018.

BRASIL. *Emenda Constitucional n.º 66, de 13 de julho de 2010*. Disponível em: <http://www.planalto.gov.br/ccivil_03/constituicao/emendas/emc/emc66.htm>. Acesso em: 09 fev. 2018.

BRASIL. *Estatuto da Mulher Casada*. Lei n.º 4.121, de 27 de agosto de 1962. Disponível em: <http://www.planalto.gov.br/CCivil_03/leis/1950-1969/L4121.htm>. Acesso em: 09 fev. 2018.

BRASIL. *Lei de Diretrizes e Bases da Educação (LDB)*. Lei n.º 9.394, de 20 de dezembro de 1996. Disponível em: <http://www.planalto.gov.br/ccivil_03/leis/l9394.htm>. Acesso em: 09 fev. 2018.

BRASIL. Supremo Tribunal Federal. *Ação Direta de Inconstitucionalidade (ADI) n.º 5.668*. Distribuída em 13/03/2017. Disponível para consulta em: <http://redir.stf.jus.br/estfvisualizadorpub/jsp/consultarprocessoeletronico/ConsultarProcessoEletronico.jsf?seqobjetoincidente=5148159>. Acesso em: 09 fev. 2018.

ESPÍNOLA, E. *A Família no Direito Civil Brasileiro.* Rio de Janeiro: Gazeta Judiciária, 1954.

LAURETIS, Tereza de. *A tecnologia do gênero*. Indiana University Press, 1987.

Análise dos precedentes que envolvem discriminação por orientação sexual no Sistema Interamericano de Direitos Humanos

Alexandre G. Melo Franco de Moraes Bahia
Rainer Bomfim

Introdução

Diante do debate sobre os problemas trazidos pela expansão das fronteiras dos Estados-nação modernos, discussões que tratam da luta do reconhecimento[20] e direito à diversidade, e após a Segunda Guerra Mundial, tornou-se imprescindível a criação de Sistemas de Proteção aos Direitos Humanos no âmbito internacional. Assim, com a Declaração Universal de Direitos Humanos de 1948, que trouxe como preceito básico no seu artigo 7º que: "Todos são iguais perante a lei e, sem distinção, têm direito a igual proteção da lei. Todos têm direito a proteção igual contra qualquer discriminação que viole a presente Declaração e contra qualquer incitamento a tal discriminação" (ONU, 1948), torna-se evidente a proteção de todos os indivíduos.

Em 1948, a Organização dos Estados Americanos aprovou a Declaração Americana de Direitos e Deveres do Homem (OEA, 1948), que inaugura o Sistema Interamericano de Direitos Humanos. Posteriormente a isso, inicia-se a criação de um órgão

[20] Cf. HABERMAS (2002); CATTONI DE OLIVEIRA (2015).

jurisdicional interamericano com a competência de julgar casos de violações dos direitos humanos, e em especial, que é o objeto de estudo de trabalho, a discriminação por orientação sexual e identidade de gênero da população LGBTI.[21] Com a criação da Comissão Interamericana de Direitos Humanos (CIDH) e, posteriormente, da Corte Interamericana de Direitos Humanos (Corte IDH), começa a apuração de violações de direitos humanos por parte dos Estados membros da OEA.

A pesquisa realizada teve natureza bibliográfica e jurisprudencial. Começa-se pela conceituação dos termos que serão utilizadas no decorrer do texto. Após, dedica-se à apresentação do Sistema Internacional de Direitos Humanos e às Normas de Direito Internacional, nos parâmetros globais e regionais, abordando com maior enfoque as Resoluções da OEA. Posteriormente, buscam-se analisar três casos que envolveram a discriminação por orientação sexual. Conclui-se que já há mecanismos e normas de direito internacional que deixam clara a obrigação de Estados-parte em adotar leis, procedimentos e instituições de proteção da minoria LGBTI e de promoção de seus direitos.

Contextualizando a orientação sexual e a identidade de gênero

As expressões "orientação sexual" e "identidade de gênero" podem ser definidas de várias formas, e é importante a lembrança de Alexandre Bortolini no sentido de que qualquer tentativa de conceituação e de classificação é sempre redutora de complexidade, já que a sexualidade humana é plural. De toda sorte, apenas para dar os contornos sobre o que se pretende com as expressões acima, pode-se afirmar que orientação sexual diz respeito à "atração, o desejo sexual e afetivo que uma

[21] A sigla significa Lésbicas, Gays, Travestis, Transexuais, Transgêneros e Intersexuais.

pessoa sente por outras". Assim, de forma simplificada podem ser enumeradas as orientações homossexual, heterossexual, bissexual, assexual, pansexual, etc. Já a "identidade de gênero" (ou identidade sexual) "tem a ver com como eu me coloco diante da sociedade, com quais grupos, representações e imagens eu me identifico e me reconheço" (Bortolini, 2008, p. 8-9). Classificados os seres humanos sob este aspecto, pode-se falar em: gênero masculino, gênero feminino e transgêneros (travestis e transexuais). Fora da análise do autor acima – mas extremamente importante de serem lembrados – há ainda os intersexuais, pessoas que nascem com um "gênero indefinido", uma vez que o Ocidente não admite que alguém não seja classificado, desde o nascimento, como masculino ou feminino. Tais pessoas sofrem mutilações pouco após o nascimento para que sejam "normalizadas".

Como dito acima, como toda classificação, também essas conceituações são redutoras de complexidade. A experiência humana, inclusive quanto à sexualidade e à identidade, é muito mais rica do que se pode tentar classificar. Ao fim e ao cabo, toda tentativa é mais uma manifestação tipicamente moderna de tentar encontrar normalidades e colocar tais normalidades em "caixas conceituais". O pensamento moderno – e o Direito ocidental é filho da Modernidade – está estruturado dessa forma. Um dos grandes desafios do Direito é tentar pensar aquelas pessoas/grupos para além da "tentação" de "encaixá-las".

Sistema Interamericano de Direitos Humanos

O Sistema Interamericano de Direitos Humanos é um sistema de proteção e promoção dos direitos humanos no âmbito daqueles que são signatários a esse órgão. Atualmente, são 24 países.

Após a Segunda Guerra Mundial, iniciou-se um movimento da comunidade internacional para a criação de parâmetros e normas para a proteção em âmbito internacional dos direitos humanos. Assim, criam-se, por tratados e convenções internacionais, órgãos que são voltados para a consecução de tais objetivos.

Da competência da CIDH

A CIDH, que foi criada através da Resolução VI do 5º Encontro de Consulta de Ministros de Relações Exteriores (Santiago, 1959), faz parte do Sistema Interamericano de Direitos Humanos junto à Corte Interamericana de Direitos Humanos. A Comissão é um órgão independente da OEA e tem como missão proteger e promover o respeito aos direitos humanos no continente americano, além de servir como órgão consultivo da OEA sobre essa matéria (art. 1 do Estatuto da Comissão Interamericana de Direitos Humanos - OEA, 1979). É composta por sete membros independentes que são eleitos pela Assembleia Geral da OEA e representam todos os Estados membros.

Essa comissão atua através de três pilares: recebendo denúncias individuais acerca de violações de direitos humanos praticadas pelos Estados signatários da comissão, monitorando a situação dos direitos humanos dos países signatários e pela atenção a linhas prioritárias temáticas, sendo que a situação de pessoas LGBTI é uma delas.

A CIDH pode receber denúncias de cidadãos da OEA de violações aos direitos humanos perpetradas pelos dos Estados membros. Eles são intimados a se defender, há produção de provas e debates entre as partes e, ao final, a CIDH pode fazer recomendações ao Estado-parte se verificadas violações. O país tem um prazo certo para tomar as medidas e informar à comissão. Caso não sejam tomadas as medidas - ou isso seja feito de forma insatisfatória - a CIDH pode dar início a ação na corte se o Estado-parte tiver aceitado a competência dela.

Competência da Corte IDH

A Corte IDH foi criada com o Pacto de San José da Costa Rica - Declaração Americana de Direitos Humanos (OEA, 1969) -, que entrou em vigor em 1979. O Brasil reconhece sua competência desde 1998. É composta por sete juízes, eleitos por voto secreto entre os membros da OEA. Cada Estado pode oferecer três nomes; o mandato é de seis anos, permitida uma recondução. As decisões são tomadas por maioria de votos, sendo necessário o quórum de cinco membros para que haja deliberações.

As ações na corte podem se iniciar por apresentação dos casos via CIDH ou por qualquer dos Estados-parte da OEA. Recebida a petição, é dado prazo para a defesa e produção de provas documentais. Em seguida, há uma fase oral - audiência pública - em que o autor expõe o caso e são ouvidas testemunhas, peritos e as vítimas - há também a possibilidade de participação de *amici curiae*. As sentenças são dadas em capítulos que, quando condenatórias, impõem uma série de obrigações ao réu - o Estado-parte.

A partir da condenação, o Estado terá monitorado o cumprimento da decisão, devendo se comunicar periodicamente com a corte.

Normas de Direito Internacional

Normas de âmbito internacional

Com a finalidade de explanar os parâmetros internacionais, colacionam-se algumas normas internacionais de caráter universal e regionais que podem ser utilizados como parâmetro quando de se trata da população LGBTI:

- Convenção n.º 111 da Organização Internacional do Trabalho sobre a Discriminação em Matéria de Emprego e Profissão (Oit, 1958), em seu artigo 1º não proíbe expressamente a discriminação com base na orientação sexual, entretanto possibilita aos Estados-parte acrescentar normas adicionais.
- Convenção Internacional sobre a Eliminação de Todas as Formas de Discriminação Racial (ONU, 1965): "Conside-

rando que todas as pessoas são iguais perante a lei e têm direito a igual proteção contra qualquer discriminação e contra qualquer incitamento à discriminação" e seu Art. 1º. "[...] a expressão 'discriminação racial' significará qualquer distinção, exclusão, restrição ou preferência baseada em raça, cor, descendência ou origem nacional ou étnica que tem por objetivo ou efeito anular ou restringir o reconhecimento, gozo ou exercício num mesmo pleno (em igualdade de condição), de direitos humanos e liberdades fundamentais no domínio político, econômico, social cultural ou em qualquer outro domínio de sua vida.

- Pacto Internacional sobre Direitos Civis e Políticos (ONU, 1966), artigos 2 e 26. A partir do caso *Toonen vs. Austrália*, o Comitê de Direitos Humanos criou o primeiro precedente dentro da Organização das Nações Unidas (ONU), referente à não discriminação contra os homossexuais (Bahia; Moraes, 2015).
- Convenção sobre a Eliminação de Todas as Formas de Discriminação contra a Mulher (ONU, 1981). Trata-se de uma importante norma jurídica quanto se trata dos casos que envolvem discriminação contra mulheres (logo, incluindo, ainda que indiretamente, mulheres bissexuais, lésbicas e transgêneros).
- Convenção Contra a Tortura e outros Tratamentos e Penas Cruéis, Desumanos ou Degradantes (ONU, 1984).
- Há alguns casos relevantes no Tribunal Europeu de Direitos Humanos (TEDH).[22] Em fevereiro de 2012 o TEDH confirmou decisão do Judiciário sueco que condenou

[22] No âmbito da Corte Europeia de Direitos Humanos há várias decisões garantindo o direito à livre orientação sexual e vedação à discriminação: Dudgeon vs. United Kingdom (1981); Norris vs. Ireland (1991); Modinos vs. Cyprus (1993); Salgueiro da Silva Mouta vs. Portugal (1999); Smith and Grady vs. United Kingdom (1999); Goodwin vs. United Kingdom (2002); Van Kuck vs. Germany (2003); Karner vs. Austria (2003); L. V. vs. Austria (2003).

quatro cidadãos a pagar multa por manifestações homofóbicas: panfletos que alegavam que a homossexualidade era um desvio sexual, que teria um efeito moralmente destrutivo nas bases da sociedade e que era responsável pela expansão do HIV. A defesa deles era que eles não queriam "desprezar os homossexuais", mas promover um debate sobre a educação sueca. O Judiciário sueco os condenara entendendo que havia no discurso deles "desprezo" e os condenou por agitação contra um grupo por motivo de sua nacionalidade ou etnia. O TEDH deixou claro que a liberdade de expressão tem limites e um deles é a reputação e o direito dos outros.[23]

- Em 2008 foi aprovada uma Declaração da ONU condenando violações dos direitos humanos com base na orientação sexual e na identidade de gênero. Na Declaração (ONU, 2008) os Estados *condenaram* "as violações de direitos humanos baseadas na orientação sexual ou na identidade de gênero onde queira que tenha lugar [...]. Urgimos aos Estados a que tomem todas as medidas necessárias, em particular as legislativas ou administrativas, para assegurar que a orientação sexual ou identidade de gênero não possa ser, sob nenhuma circunstância, a base de sanções penais, em particular execuções, prisões ou detenção".
- Em 17/11/2011 o Conselho de Direitos Humanos, em seu Informe Anual, publicou o Documento: *Leyes y prácticas discriminatorias y actos de violência cometidos contra personas por su orientación sexual e identidad de gênero.*[24]

---

[23] Conforme noticiado pelo jornal *El País* (BENITO, 2012).

[24] Trata-se de um estudo que teve como finalidade "*documentar las leyes y prácticas discriminatorias y los actos de violencia cometidos contra personas por su orientación sexual e identidad de género y la forma en que la normativa internacional de derechos humanos podía aplicarse para poner fin a la violencia y a las violaciones conexas de los derechos humanos motivadas por la orientación sexual y la identidad de género*" (ONU, 2011).

Nele se reafirmam os princípios da universalidade (dos direitos humanos), da igualdade e da não discriminação, que parecem deixar claro que leis, ações ou omissões governamentais contra os LGBTI configurariam violação da DUDH e documentos correlatos. São listadas várias formas de violência (física e simbólica) e discriminação ainda perpetradas contra LGBTI no mundo e, ao final, são feitas Recomendações aos Estados-parte.[25]

- A ONU, através do Alto Comissariado das Nações Unidas para os Direitos Humanos, publicou no dia 13 de setembro de 2012 o estudo *Born Free and Equal* (ONU, 2012) que estipula obrigações legais para os Estados-parte para proteção dos LGBTI.

Assim, se vê que a comunidade internacional exige dos países uma política não discriminatória por parte dos Estados. Percebe-se que, no âmbito da ONU, já há uma diretiva aos Estados-parte no sentido da obrigatoriedade de adequarem seus ordenamentos jurídicos, procedimentos e estruturas no

---

[25] "*La Alta Comisionada recomienda que los Estados Miembros: a) Investiguen rápidamente todas las denuncias de asesinatos y demás actos graves de violencia perpetrados contra personas por su orientación sexual o identidad de género real o supuesta, en público o en privado por agentes estatales o no estatales, exijan responsabilidades a los autores y establezcan sistemas de registro e información al respecto; b) Adopten medidas para prevenir la tortura y otros tratos crueles, inhumanos o degradantes por la orientación sexual o la identidad de género, investiguen exhaustivamente todas las denuncias de tortura y malos tratos y enjuicien y exijan responsabilidades a los responsables; c) Velen por qué no se devuelva a ninguna persona que huya de la persecución por su orientación sexual o identidad de género a un territorio donde su vida o libertad estaría amenazada y que las leyes y las políticas de asilo reconozcan que la persecución por la orientación sexual o la identidad de género puede ser un motivo válido para una solicitud de asilo; d) Deroguen las leyes utilizadas para criminalizar a los homosexuales por mantener relaciones consentidas y armonicen la edad de libre consentimiento para mantener relaciones heterosexuales y homosexuales, velen por qué no se utilicen otras leyes penales para acosar o detener a personas por su sexualidad o identidad y expresión de género y supriman la pena de muerte*

sentido de não aceitar a discriminação e promover os direitos da população LGBTI.

Resoluções da OEA

Além das normas do Sistema Internacional Universal, têm-se as normas estabelecidas pela OEA que se aplicam e são utilizadas como fundamento para os casos que são posteriormente apresentados perante a CIDH.

Entre as resoluções que se devem destacar, há a Resolução nº 2435: "Direitos Humanos, Orientação Sexual e Identidade de Gênero", aprovada pela Assembleia Geral da OEA em 3 de junho de 2008 (OEA, 2008), mostrando preocupação com os "atos de violência e das violações aos direitos humanos correlatas perpetradas contra indivíduos, motivados pela orientação sexual e pela identidade de gênero":

> *REITERANDO: Que la Declaración Universal de los Derechos Humanos afirma que todos los seres humanos nacen libres e iguales en dignidad y derechos, y que toda persona tiene todos los derechos y libertades proclamados en esta Declaración,*

---

por delitos que tengan que ver con las relaciones sexuales consentidas; e) Promulguen legislación amplia de lucha contra la discriminación que incluya la discriminación por razón de la orientación sexual y la identidad de género entre los motivos prohibidos y reconozca las formas de discriminación concomitantes y velen por que la lucha contra la discriminación por razón de la orientación sexual y la identidad de género se incluya en los mandatos de las instituciones nacionales de derechos humanos; f) Velen por que las personas puedan ejercer sus derechos a la libertad de expresión, asociación y reunión pacífica en condiciones de seguridad y sin discriminación por razón de la orientación sexual y la identidad de género; g) Ejecuten programas adecuados de concienciación y capacitación para los agentes de policía, los funcionarios de prisiones, los guardias fronterizos, los oficiales de inmigración y demás miembros de las fuerzas de seguridad y apoyen las campañas de información pública para luchar contra la homofobia y la transfobia entre la población en general y las campañas específicas de lucha contra la homofobia en las escuelas; h) Faciliten el reconocimiento legal del género preferido por las personas trans y dispongan lo necesario para que se vuelvan a expedir los documentos de identidad pertinentes con el género y el nombre preferidos, sin conculcar otros derechos humanos" (ONU, 2011).

> *sin distinción alguna de raza, color, sexo, idioma, religión, opinión política o de cualquier otra índole, origen nacional o social, posición económica, nacimiento o cualquier otra condición; [...]*
>
> *CONSIDERANDO que la Carta de la Organización de los Estados Americanos proclama que la misión histórica de América es ofrecer al hombre una tierra de libertad y un ámbito favorable para el desarrollo de su personalidad y la realización de sus justas aspiraciones;*
>
> *REAFIRMANDO los principios de universalidad, indivisibilidad e interdependencia de los derechos humanos* (OEA, 2008).

A partir disso, declarou:

> RESOLVE:
>
> 1. Expressar preocupação pelos atos de violência e pelas violações aos direitos humanos correlatas, motivados pela orientação sexual e pela identidade de gênero. 2. Encarregar a Comissão de Assuntos Jurídicos e Políticos [...] de incluir em sua agenda [...] o tema Direitos humanos, orientação sexual e identidade de gênero (OEA, 2008).

Na reunião de 2009, a Assembleia Geral aprovou a Res. 2504 (OEA, 2009), que adotou as diretrizes das assembleias anteriores e seguiu o sentido adotado pela Declaração da ONU sobre Orientação Sexual e Identidade de Gênero, que então definiu no sentido de:

> *RESUELVE:*
>
> *1. Condenar los actos de violencia y las violaciones de derechos humanos relacionadas, perpetrados contra individuos a causa de su orientación sexual e identidad de género.*
>
> *2. Instar a los Estados a asegurar que se investiguen los actos de violencia y las violaciones de derechos humanos perpetrados contra individuos a causa de su orientación sexual e identidad de género, y que los responsables enfrenten las consecuencias ante la justicia.*
>
> *3. Instar a los Estados a asegurar una protección adecuada de los defensores de derechos humanos que trabajan en temas relacionados con los actos de violencia y violaciones de los derechos humanos perpetrados contra individuos a causa de su orientación sexual e identidad de género* (OEA, 2009).

Assim, a OEA vem reafirmando o posicionamento quanto às questões LGBTI e aprova a cada ano uma nova resolução com aquele mesmo título, sendo em 2010 com a aprovação, pela Assembleia Geral da OEA, da Resolução n.º 2.600; em 2011 com a Resolução n.º 2653; em 2012 com a Resolução n.º 2721; em 2013 com a Resolução n.º 2807; em 2014 com a Resolução n.º 2863. Mas cada uma delas reitera o disposto anteriormente sobre a proteção necessária à minoria LGBTI e insiste na urgência de os Estados membros adotarem medidas específicas nesse sentido.

Na 43ª Assembleia Geral da OEA, em Antígua, na Guatemala, tem-se uma importante vitória simbólica com a aprovação, em 5 de junho de 2013, dos textos da "Convenção Interamericana Contra o Racismo, a Discriminação Racial e Formas Conexas de Intolerância" e da "Convenção Interamericana Contra Toda Forma de Discriminação e Intolerância", em cujos textos, pela primeira vez em uma Convenção da OEA, verifica-se a inclusão do conceito de orientação sexual entre as minorias protegidas, que – em consonância com o que propomos neste trabalho – não diferencia o racismo étnico de discriminação homofóbica. No texto destaca-se:

> [que] A discriminação pode basear-se em [...] orientação sexual [...].
>
> [o reconhecimento do] dever de se adotarem medidas nacionais e regionais para promover e incentivar o respeito e a observância dos direitos humanos e das liberdades fundamentais de todos os indivíduos e grupos sujeitos a sua jurisdição, sem distinção por motivo de [...] orientação sexual [...].
>
> [o convencimento] de que determinadas pessoas e grupos vivenciam formas múltiplas ou extremas de discriminação e intolerância, motivadas por uma combinação de fatores como gênero, idade, orientação sexual [...].
>
> [a consideração de] que a experiência individual e coletiva de discriminação e intolerância deve ser levada em conta para combater a exclusão e a marginalização com base em gênero, idade, orientação sexual [...].
>
> [a afirmação que estão] ALARMADOS com o aumento dos crimes de ódio motivados por [...] orientação sexual (OEA, 2013).

Em 2013 a CIDH criou a Relatoria sobre os Direitos Humanos das Pessoas Lésbicas, Gays, Bissexuais, Trans e Intersexo para dar o foco necessário para essa população. A Relatoria possui quatro eixos de trabalho:

- preparação de relatórios regionais, sub-regionais e/ou temáticos sobre os direitos humanos das pessoas LGBTI;
- tramitação de petições em que se alega violação de direitos humanos por motivo de orientação sexual, identidade de gênero ou diversidade corporal;
- monitoramento da situação dos direitos humanos das pessoas LGBTI; e
- assessoria técnica especializada aos Estados Membros e órgãos políticos da OEA.[26]

Assim, essa Relatoria começou a produzir Relatórios sobre a Violência Contra Pessoa LGBTI, que contêm dados e informações sobre a violência física contra pessoas com identidade, orientações sexuais e expressões de gêneros diversas das normativas na América daquele respectivo ano.

De forma ainda mais específica que a ONU, a OEA vem produzindo uma série de documentos internacionais que não deixam dúvidas sobre a obrigação objetiva dos Estados-parte de elaborarem leis antidiscriminatórias perante população LGBTI, assim como terem legislações sobre direitos e proteção contra a violência. Não se trata, pois, de uma livre escolha do país se vai ou não ter legislações naquele sentido: uma vez signatário de tais resoluções, ele não tem escolha.

Análise dos casos que foram julgados pela CIDH

Expostos os conceitos norte para as questões relacionadas à discriminação por orientação sexual e identidade de gênero e as Normas de Direitos Humanos Internacionais, pode-se

---

[26] Disponível em: <http://www.oas.org/pt/cidh/docs/pdf/ViolenciaPessoasLGBTI.pdf>. Acesso em: 12 maio 2017.

adentrar os casos que resultaram em denúncia na Corte Internacional de Direitos Humanos.[27] Os casos são: *Atala Riffo y Niñas vs. Chile* (2012), *Duque vs. Colômbia* (2016) *e Flor Freire vs. Equador* (2016).

Caso Atala Riffo y Niñas vs. Chile

O caso ajuizado em novembro de 2004, que foi admitido para o julgamento da Corte IDH em 2011, baseava-se nas alegações da juíza chilena Karen Atala, que havia perdido a guarda das suas filhas para o seu ex-marido sob a alegação, no curso do seu processo de divórcio, de que a juíza tinha uma relação homoafetiva e isso prejudicaria o desenvolvimento social e psíquico das suas filhas. A Suprema Corte chilena considerou que as filhas da Sr.ª Atala estavam em "situação de risco", considerando a "posição de vulnerabilidade em seu convívio social, uma vez que claramente seu ambiente familiar único é distinto de forma significativa dos seus companheiros de escola e conhecidos da vizinhança em que vivem, expondo-as

---

[27] Por uma questão de metodologia, não se abordarão neste artigo os casos em que não ocorreu a admissibilidade do caso junto à Corte IDH ou em que aconteceu a solução de forma amigável com o Estado. Até 2014, segundo Vecchiatti e Viana (2014), teriam ocorrido cinco denúncias de violações relacionadas a direitos LGBTTI junto à CIDH que (ainda) não foram ajuizados na CIDH por diversas razões. São eles: Caso *Segundo Stivenson Ramos Salazar y Rodrigo Bucheli Mera vs. Ecuador*, Caso *Marta Lucía Álvarez Giraldo vs. Colombia*, Caso *José Alberto Pérez Meza vs. Paraguay* e Caso *X vs. Chile.* É importante ressaltar que no texto original os autores citados apontam sete casos, sendo que o caso *Atala Riffo y Niñas vs. Chile* foi denunciado à Corte IDH e o caso *Ángel Alberto Duque vs. Colombia* também, todos com sentença. Então, esses dois últimos são objeto de estudo do presente trabalho. Também não foi contemplada nesse estudo a análise de medidas cautelares, sendo que, segundo aqueles autores, no mesmo trabalho que fora citado anteriormente, até 2014, foram concedidas onze medidas cautelares pela CIDH no tocante às violações de direitos de pessoas LGBTI (seis em desfavor de Honduras; dois em desfavor da Jamaica; um em desfavor de Belize; um em desfavor do México; um em desfavor da Guatemala).

ao isolamento e à discriminação, o que também afetaria seu desenvolvimento pessoal" (Cidh, 2012).

> Dessa forma, a corte julgou:
>
> *[...] por unanimidad, que:*
>
> *1. Esta Sentencia constituye per se una forma de reparación.*
>
> *2. El Estado debe brindar, la atención médica y psicológica o psiquiátrica gratuita y de forma inmediata, adecuada y efectiva, a través de sus instituciones públicas de salud especializadas a las víctimas que así lo soliciten, de conformidad con lo establecido en los párrafos 254 y 255 de la presente Sentencia.*
>
> *3. El Estado debe realizar las publicaciones indicadas en el párrafo 259 de la presente Sentencia, en el plazo de seis meses contado a partir de la notificación de la misma.*
>
> *4. El Estado debe realizar un acto público de reconocimiento de responsabilidad internacional por los hechos del presente caso, de conformidad con lo establecido en los párrafos 263 y 264 de la presente Sentencia* (Cidh, 2012, p. 90).

Foi nesse caso em tela que a Corte Interamericana estabeleceu que a orientação sexual de uma pessoa está vinculada ao conceito de liberdade e à possibilidade de toda pessoa para a autodeterminação e de escolher livremente as circunstâncias que dão sentido à sua existência, conforme suas próprias opções e convicções (Cidh, 2012).

Segundo a corte, esse caso diz respeito à alegada responsabilidade internacional do Estado por tratamento discriminatório e intromissões arbitrárias na vida privada e familiar que havia sofrido a Srª Atala devido à sua orientação sexual no processo judicial que resultou na retirada do cuidado e custódia de suas filhas M. V. e R. O caso também se refere à suposta falta de respeito aos interesses dos filhos, cuja guarda e cuidados foram determinados em violação dos seus direitos e com base em alegada parcialidade discriminatória (Cidh, 2012).

Caso Duque vs. Colômbia

Em fevereiro de 2005, foi peticionado a demanda frente à Colômbia sobre a exclusão da possibilidade do direito a pensão ao Sr. Ángel Duque por morte do seu parceiro. Em 2014, o caso foi submetido à jurisdição da CIDH.

O caso se configura da seguinte maneira: Jhon Jiménez e Ángel Duque viveram em união por 10 anos, que seria de 1991 a 2001, quando o primeiro veio a falecer. Um ano depois do seu falecimento, Duque requereu o direito a pensão por morte de seu companheiro ao fundo de pensão, que este era filiado. O fundo negou o pedido de pensão na alegação de que, de acordo com a legislação do país, não se cobria a pensão por morte de pessoas do mesmo sexo que se encontravam em união estável.

Assim, após 11 anos de trâmite no Sistema Interamericano de Direitos Humanos, a corte proferiu a sentença:

> *Conclusiones. La Comisión concluyó que el Estado era responsable por la violación a los siguientes derechos humanos establecidos en la Convención Americana:*
>
> *– El derecho a la integridad personal, establecido en el artículo 5.1, en relación con el artículo 1.1 de la Convención Americana, en perjuicio de Ángel Alberto Duque;*
>
> *– Los derechos a las garantías judiciales y la protección judicial, establecidos en los artículos 8.1 y 25, en relación con el artículo 1.1 de la Convención Americana, en perjuicio de Ángel Alberto Duque, y*
>
> *– El principio de igualdad y no discriminación, establecido en el artículo 24, en relación con los artículos 1.1 y 2 de la Convención Americana, en perjuicio de Ángel Alberto Duque* (CIDH, 2016, p. 4).

Além disso, a Corte IDH ainda fez as seguintes recomendações ao Estado colombiano:

> *– Reparar adecuadamente al señor Ángel Alberto Duque por las alegadas violaciones de derechos humanos declaradas en el Informe de Fondo contemplando los daños materiales e inmateriales. Dicha reparación debería, como mínimo, incluir la concesión de la pensión de sobrevivencia y una justa compensación. Asimismo, el Estado debería proveer el acceso ininterrumpido a los servicios de salud y tratamiento requeridos en virtud de ser una persona que vive con VIH;*
>
> *– Adoptar todas las medidas que aún fueran necesarias para garantizar la no repetición de los hechos como los del caso. En*

particular, adoptar las medidas necesarias para que todas las decisiones jurisprudenciales que tuvieron lugar en Colombia con posterioridad a los hechos del caso, que reconocieron el derecho de pensión de sobrevivencia a las parejas formadas por personas del mismo sexo – y que determinaron que los casos previos a dichos pronunciamientos también se encontraban alcanzados por ellos –, sean debidamente acatadas y cumplidas;

– Adoptar todas las medidas necesarias para que quienes se desempeñan en la provisión de servicios de seguridad social, sea en el ámbito público o en el privado, reciban la debida capacitación para dar trámite a las solicitudes de personas que integraron o integran parejas del mismo sexo, de conformidad con el ordenamiento jurídico interno, y;

– Adoptar todas las medidas estatales que sean necesarias para garantizar que las parejas del mismo sexo no sean discriminadas en cuanto al acceso a servicios de seguridad social, y en particular, que se les permita presentar los mismos medios de prueba que a las parejas de distinto sexo, de conformidad con lo establecido en el ordenamiento jurídico interno (Cidh, 2016, p. 5).

Essa foi a primeira vez que o Sistema Interamericano proferiu uma sentença quanto a casal do mesmo sexo como uma relação de propiciar direitos a este. Outrossim, foi a primeira condenação do Estado colombiano na corte por violar direitos à população LGBTI.

Caso Flor Freire vs. Equador

Em agosto de 2002, Alejandro Ponce Villacís e Juan Manuel apresentaram a petição à CIDH a respeito da responsabilidade internacional do Estado equatoriano acerca das decisões de separação de Homero Flor Freire, oficial militar da base da terra do Equador, em relação à suspeita da prática de infração disciplinar, com fundamento das regras vigentes sobre a disciplina militar. O fundamento da petição foi a falta do tratamento isonômico por parte do Estado em virtude da suposta orientação sexual do oficial. Em 2010, o caso foi admitido para o julgamento da

Corte IDH. No decorrer do processo na corte, o militar negou que o ato sexual teria acontecido e afirmou que não se identifica como homossexual. E o importante dessa afirmação foi o reconhecimento do tribunal de que, para se definir a orientação sexual de uma pessoa, é necessário que ela se autoidentifique como homossexual para se decidir nesse sentido. Sendo assim, a corte concentrou sua análise no regime disciplinar militar do Estado no momento do fato (Cidh, 2016b, p. 1).

Em razão dessa conclusão, em que se reconheceu o tratamento discriminatório, foram feitas as seguintes recomendações:

> *1. Reparar integralmente al señor Homero Flor Freire en los términos indicados en [el] informe [de fondo], tanto en el aspecto material como moral, incluyendo medidas de satisfacción por los daños ocasionados.*
>
> *2. Reconocer públicamente que el señor Homero Flor Freire fue dado de baja de la Fuerza Terrestre ecuatoriana de manera discriminatoria.*
>
> *3. Adoptar las medidas estatales necesarias para asegurar que las personas que se desempeñan dentro de la Fuerza Terrestre ecuatoriana o cualquier dependencia del ejército ecuatoriano no sean discriminadas con base en su orientación sexual, real o percibida.*
>
> *4. Tomar las medidas estatales necesarias para que el personal de la Fuerza Terrestre ecuatoriana o cualquier dependencia del ejército ecuatoriano, así como los juzgados de derecho en [la] jurisdicción militar conozcan los estándares interamericanos, así como la normativa interna ecuatoriana, en cuanto a la no discriminación con base en la orientación sexual, real o percibida.*
>
> *5. Adoptar las medidas estatales necesarias para que se garantice el derecho al debido proceso de militares juzgados por tribunales en procesos disciplinarios, incluyendo el derecho a un juez o tribunal imparcial* (Cidh, 2016b, p. 5).

Nessa decisão a corte reforça que a orientação sexual é um dos direitos protegidos pela convenção. Dessa forma, nenhuma norma ou decisão de Direito Interno será proferida de modo a restringir de algum modo os direitos de uma pessoa por sua orientação sexual, seja ela real ou percebida.

Considerações finais

Nota-se a existência de diversos mecanismos e de normas internacionais para a proteção contra a discriminação e a violência à população LGBTI não só no âmbito do Sistema Interamericano de Direitos Humanos, mas também no Sistema Universal de Direitos Humanos. Além disso, percebe-se uma maior preocupação com as demandas LGBTI, sendo que, por exemplo, a CIDH criou uma Relatoria específica para tratar desse tema e vem divulgando relatórios de grande repercussão acerca da violência contra a pessoa LGBTI, e a Corte IDH já vem gerando precedentes sobre direitos desta minoria.

A análise que este trabalho se propôs a fazer buscou reconstruir aquelas normas internacionais e os três casos que tiveram decisão na Corte IDH.

O presente trabalho é uma contribuição para a comunidade no sentido de demonstrar o entendimento da comunidade acadêmica a respeito do posicionamento da Corte IDH sobre a discriminação a pessoas LGBTI, sendo tratados os casos parâmetros da corte.

Um aspecto negativo que se observa é a demora no tempo em relação ao ajuizamento da petição até a admissibilidade na Corte IDH, sendo que todos os casos analisados demoraram no mínimo oito anos para os peticionários obterem a sentença da corte. A tramitação dos casos foi: *Atala Riffo y Niñas vs. Chile* (2004-2012), 8 anos, *Duque vs. Colômbia* (2005-2016), 11 anos e *Flor Freire vs. Equador* (2002-2016), 14 anos.

Outrossim, todo o material já existente em termos de estudos e normas no âmbito universal e interamericano, bem como os precedentes da Corte IDH sugerem que se poderia receber, via CIDH, ação no sentido de se condenar o Brasil pela omissão sistemática na investigação e punição de crimes contra LGBTI, sendo, para isso, apenas preciso a seleção de um caso no qual se demonstre a omissão/letargia nos procedimentos investigatório e penal.

Por fim, com o intuito de expandir os debates sobre a questão trabalhada pelo artigo, é possível sugerir que novos trabalhos e pesquisas se desenvolvam em questões ainda não esclarecidas, como o estudo do trâmite do processo ajuizado no Sistema Interamericano, com a finalidade de se analisar o tempo médio de duração do processo. Além disso, é possível sugerir a análise dos votos dos Juízes da Corte Interamericana nos casos em questão para buscar uma tendência da corte acerca do tema.

Referências

BAHIA, Alexandre; MORAES, Daniel. Desafios aos Direitos Humanos na questão LGBT: (in)capacidade de absorção das demandas pelo estado brasileiro das normas de direito internacional. In: SOARES, Mário L. Quintão; SOUZA, Mércia C. de (orgs.). *A interface dos direitos humanos com o Direito Internacional.* Belo Horizonte: Fórum, 2015. p. 45-66. v. I.

BENITO, Emilio de. La homofobía no está protegida por la libertad de expresión. *El País,* 9 fev. 2012. Disponível em: <http://sociedad.elpais.com/sociedad/2012/02/09/actualidad/1328801278_987970.html>. Acesso em: 12 maio 2017.

BORTOLINI, Alexandre. (Coord.). *Diversidade Sexual na Escola.* Rio de Janeiro: Pró-Reitoria de Extensão/UFRJ, 2008.

CATTONI DE OLIVEIRA, Marcelo de Andrade. *Processo Constitucional.* 3. ed. Florianópolis: Empório do Direito, 2015.

CIDH. Corte Interamericana de Direitos Humanos. *Caso Atala Riffo Y Niñas vs. Chile.* 24 fev. 2012. Disponível em: <http://corteidh.or.cr/docs/casos/articulos/seriec_239_esp.pdf>. Acesso em: 22 jan. 2017.

CIDH. Corte Interamericana de Direitos Humanos. *Caso Duque vs. Colombia.* 26 fev. 2016a. Disponível em: <http://www.corteidh.or.cr/docs/casos/articulos/seriec_310_esp.pdf>. Acesso em: 22 jan. 2017.

CIDH. Corte Interamericana de Direitos Humanos. *Comunicado da Corte Interamericana de Direitos Humanos: Ecuador Responsable por Discriminación en Razón de Orientación Sexual en las Fuerzas Armadas.* 2016b. Disponível em: <http://www.corteidh.or.cr/docs/comunicados/cp_39_16.pdf>. Acesso em: 22 jan. 2017.

CIDH. Corte Interamericana de Direitos Humanos. *Caso Flor Freire vs. Ecuador.* 31 ago. 2016c. Disponível em: <http://www.corteidh.or.cr/docs/casos/articulos/seriec_315_esp.pdf>. Acesso em: 22 jan. 2017.

HABERMAS, Jürgen. *A inclusão do outro.* São Paulo: Loyola, 2002.

OEA. Assembleia Geral. *Declaração Americana dos Direitos e Deveres do Homem.* IX Conferência Internacional Americana. Bogotá, 1948. Disponível em: <https://www.cidh.oas.org/basicos/portugues/b.Declaracao_Americana.htm>. Acesso em 25.01.2018.

OEA. *Declaração Americana de Direitos Humanos (Pacto de San José).* Conferência Especializada Interamericana sobre Direitos Humanos. San José, 22.11.1969. Disponível em: <https://www.cidh.oas.org/basicos/portugues/c.convencao_americana.htm>. Acesso em: 25 jan. 2018.

OEA. Assembleia Geral. *Estatuto da Comissão Interamericana de Direitos Humanos.* AG/RES. 447 (IX-0/79). La Paz, outubro de 1979. Disponível em: <https://www.oas.org/xxxvga/portuguese/doc_referencia/Estatuto_CIDH.pdf>. Acesso em: 25 jan. 2018.

OEA. Assembleia Geral. *Resolução n.º 2.435: Direitos Humanos, Orientação Sexual e Identidade de Gênero.* AG/RES. 2435 (XXXVIII-O/08). 03/06/2008. Disponível em: <https://goo.gl/cS6Pt6>. Acesso em: 25 jan. 2018.

OEA. Assembleia Geral. *Resolução n.º 2.504: Derechos Humanos, Orientación Sexual e Identidad de Género.* AG/RES. 2504 (XXXIX-O/09). 04/06/2009. Disponível em: <https://www.oas.org/dil/esp/ag-res_2504_xxxix-o-09.pdf>. Acesso em: 25 jan. 2018.

OEA. Assembleia Geral. *Convenção Interamericana Contra Toda Forma de Discriminação e Intolerância.* Antígua. 05/06/2013. Disponível em: <https://www.oas.org/en/sla/dil/docs/inter_american_treaties_A-69_Convencao_Interamericana_disciminacao_intolerancia_POR.pdf>. Acesso em: 25 jan. 2018.

OIT. *Convenção n.º 111: Convenção concernente à discriminação em matéria de emprego e profissão.* 05/07/1958. Disponível em: <http://www.oit.org.br/node/472. Acesso em: 25 jan. 2018.

ONU. Assembleia Geral. *Declaração Universal de Direitos Humanos.* Paris, 10/12/1948. Disponível em: <http://www.ohchr.org/EN/UDHR/Documents/UDHR_Translations/por.pdf>. Acesso em: 25 jan. 2018.

ONU. Assembleia Geral. *Convenção Internacional sobre a Eliminação de Todas as Formas de Discriminação Racial.* 21/12/1965. Disponível em: <https://goo.gl/NyN5Ek>. Acesso em: 25 jan. 2018.

ONU. Assembleia Geral. *Pacto Internacional dos Direitos Civis e Políticos. 16 de Dezembro de 1966*. Disponível em: <http://www.planalto.gov.br/ccivil_03/decreto/1990-1994/d0592.htm>. Acesso em: 25 jan. 2018.

ONU. Assembleia Geral. Convenção sobre a Eliminação de Todas as Formas de Discriminação contra a Mulher. 03/09/1981. Disponível em: <http://www.planalto.gov.br/ccivil_03/decreto/2002/d4377.htm>. Acesso em Acesso em: 25 jan. 2018.

ONU. Assembleia Geral. Convenção Contra a Tortura e Outros Tratamentos ou Penas Cruéis, Desumanos ou Degradantes. 10/12/1984. Disponível em: <http://www.planalto.gov.br/ccivil_03/decreto/1990-1994/D0040.htm>. Acesso em: 25 jan. 2018.

ONU. Assembleia Geral. *Promotion and protection of human rights: human rights questions, including alternative approaches for improving the effective enjoyment of human rights and fundamental freedoms. Letter dated 18 December 2008 from the Permanent Representatives of Argentina, Brazil, Croatia, France, Gabon, Japan, the Netherlands and Norway to the United Nations addressed to the President of the General Assembly*. 22/12/2008. Disponível em: <http://www.sxpolitics.org/wp-content/uploads/2009/03/un-document-on-sexual-orientation.pdf>. Acesso em: 25 jan. 2018.

ONU. Alto Comissariado das Nações Unidas para os Direitos Humanos. *Born Free and Equal*. 13/09/2012. Disponível em: <http://www.ohchr.org/EN/NewsEvents/Pages/BornFreeAndEqual.aspx>. Acesso em: 25 jan. 2018.

ONU. Conselho de Direitos Humanos. Informe Anual: Leyes y prácticas discriminatorias y actos de violencia cometidos contra personas por su orientación sexual e identidad de género. 17/11/2011. Disponível em: <http://www2.ohchr.org/english/bodies/hrcouncil/docs/19session/A.HRC.19.41_sp.pdf>. Acesso em: 25 jan. 2018.

VECCHIATTI, Paulo R. Iotti; VIANA, Thiago Gomes. LGBTI e o Sistema Interamericano de Direitos Humanos: a construção da cidadania internacional arco-íris. In: XXIII CONGRESSO NACIONAL DO CONPEDI/UFPB, 23., 2014, João Pessoa. p. 14-22. Disponível em <http://www.publicadireito.com.br/artigos/?cod=a3f66d3a6aab9fa2>. Acesso em: 22 jan. 2017.

Direito Constitucional: a LGBTfobia como resultado do discurso de ódio

Gustavo Valadares
João Paulo Rodrigues Almeida

Introdução

Este texto é influenciado pelas infindáveis discussões ocorridas nos encontros organizados pelo Grupo de Estudo da Universidade Federal de Ouro Preto com enfoque na Omissão Inconstitucional e o Papel do STF: estudo sobre a ADO n.º 26. O objetivo deste texto é obter uma reflexão crítica, o estudo exauriente e a proposição da discussão argumentativa jurídica sobre as questões do discurso de ódio e como ele pode resultar no atentado aos direitos fundamentais das minorias LGBT, via de regra, manifestada diretamente pela lesbo/homo ou transfobia.

A LGBTfobia, uma forma violenta de demonstrar a aversão ao diferente, não se originou de forma espontânea e pontual na sociedade brasileira e não pode ser considerada uma peculiaridade dos tempos atuais, em que as lutas em prol das minorias ganha cada vez mais espaço. Isso se deve ao fato de existir toda uma construção histórica de consolidação da intolerância por meio do discurso de ódio, prontamente veiculado no nosso meio de convívio, através das práticas culturais religiosas, de ditos populares, de brincadeiras despretensiosas ou do mero exercício da liberdade de expressão.

O discurso de ódio pode ser conceituado como o abuso da liberdade de expressão proveniente da livre manifestação da consciência. Através dele, o indivíduo exterioriza seus pensamentos na intenção de discriminar ou de inferiorizar certos grupos sociais por seu gênero, orientação sexual, etnia, cor, religião e outras inúmeras características que os apartem da dita lúdica superioridade padronizada. Assim, essas ações deliberadas podem gerar ou nutrir em terceiros o mesmo ódio violento e o tratamento sub-humano aos já afetados. E as formas como são demonstradas no dia a dia vão da maneira mais branda, como piadas e provocações, até as mais radicais, feitas por ameaças, violências físicas e extermínios. A manutenção, incluindo a condescendência e a aceitação do discurso de ódio nas nossas relações, gera consequências extremamente penosas para as pessoas visadas, seja no aspecto social, político e, definitivamente, pessoal do cidadão.

Por sua vez, nota-se que a Constituição da República Federativa do Brasil de 1988 e os acordos internacionais dos quais o Brasil é signatário fornecem todo arcabouço jurídico para a responsabilização do sujeito que resolver percutir no discurso de ódio. Logo, de forma meramente ilustrativa, citamos os artigos 1º, incisos II, III da CF/88 e o artigo 3º, I, III, IV da CF/88 (ambos da parte principiológica); artigo 5º caput, III, IV, V, X e XLVI (dos direitos e garantias fundamentais).

A LGBTfobia

Conceito

A LGBTfobia é o termo cunhado para o medo, a aversão, a intolerância e o desprestígio dirigido às pessoas que possuem orientação diversa, como lésbicas, gays, bissexuais, travestis e transexuais, em razão da heteronormatividade/heterocisnormatividade (regra normalizadora e regulamentadora da sexualidade, que impõe o padrão reducionista binário, homem e mulher, na lógica existencial) concretizada na sociedade brasileira hodierna. Os autores Marcelo Maciel Ramos e Pedro Augusto Gravatá Nicoli definem (2016):

> LGBTfobia é o termo utilizado para reunir vários tipos mais específicos de discriminação e violência contra pessoas (sigla usada para se referir a lésbicas, gays, bissexuais, transexuais e travestis). Deste modo, a LGBTfobia compreende a lesbofobia, a homofobia, a bifobia e a transfobia. A lesbofobia é a discriminação e violência contra mulheres lésbicas. A homofobia é a discriminação e violência contra homens gays (ou homossexuais). A bifobia dirige-se contra homens e mulheres bissexuais e a transfobia contra pessoas transexuais e travestis (Ramos; Nicoli, 2016, p. 183).

A etimologia da expressão LGBTfobia agrega a palavra grega *phóbos*, que nomeia a sensação de "medo", "terror" ou "aversão" com a sigla LGBT: lésbicas, gays, homossexuais, bissexuais, transexuais, transgêneros e travestis, uma vez que o medo é um sentimento, sensação, convicção e atitude autoprotetiva diante de algo imaginário (pesadelos e premonições infundadas) ou real (ameaça e coação física/psicológica). Isso, de pronto, evidencia a irrealidade com que uma escolha estritamente subjetiva de relação sexual possa resultar no fim da sociedade ou na intimidação da heterossexualidade, para justificar tal sentimento na maioria. Ou tal fobia pode derivar apenas da aversão ao "diferente" (considerando-se que exista algum padrão referente à maioria) por razões religiosas, morais, de tradição ou senso comum teórico.

Entretanto, o verdadeiro propósito de tal denominação não é puramente pela facilidade metodológica ou algo restrito ao mundo das ideias. Pelo contrário: é dar visibilidade a uma realidade vivenciada pelas pessoas que são alvos de atitudes pautadas no preconceito em decorrência da intolerância pela sua identidade de gênero ou orientação sexual, já que é fato pelas inúmeras notícias que se tem de crimes ocorridos mediante o ódio direcionado a homossexualidade, ou seja, a ideia e a representatividade de um grupo social específico. Assim, procedem a crimes de racismo praticados por motivo étnico, racial e religioso, punido de forma rígida e até mesmo com a imprescritibilidade (art. 5º, XLII da CF/88). O mesmo entende Paulo Roberto Iotti Vecchiatti na Ação Direta de Inconstitucionalidade por Omissão:

> A homofobia e a transfobia constituem espécies do gênero racismo, na medida em que racismo é toda ideologia que pregue a superioridade/inferioridade de um grupo relativamente a outro (e a homofobia e a transfobia implicam necessariamente na inferiorização da população LGBT relativamente a pessoas heterossexuais cisgêneras – que se identificam com o próprio gênero), consoante reconhecido por esta Suprema Corte no paradigmático caso Ellwanger (STF, HC n.º 82.424-4/RS), bem como referendado pela doutrina de Guilherme de Souza Nucci, donde enquadrada a obrigatoriedade da criminalização específica da homofobia e da transfobia no disposto no art. 5º, inc. XLII, da CF/88, que impõe ao legislador o dever de elaboração de legislação criminal que puna o racismo, donde também o racismo homofóbico e transfóbicos (Vecchiatti, 2013, p. 2).

Atualmente, estabelecer a devida discussão acerca das discriminações LGBTfóbicas é o mesmo que transcorrer em um complexo caminho de retratar a sexualidade como diversidade, trazendo à baila todas as orientações sexuais e identidade de gênero possíveis para tomar seu lugar de fala. Isso porque, inseridos no enredo de uma sociedade marcada pela presença da heteronormatividade, qualquer pessoa que ultrapasse a lógica binária imposta pela religião e pelos costumes dominantes será condenada à exclusão social.

Todavia, nada mais inovador e justo tentarmos neste texto dar mais um passo na busca da efetivação dos ideais dos direitos humanos e do próprio Estado Democrático de Direito, e interpor esta discussão que trabalha a necessidade jurídica com a demanda social de dar a devida resposta àqueles vitimados pelo obscurantismo.

Efeitos da LGBTfobia em variados âmbitos

No âmbito social, podemos assegurar que os indivíduos integrantes das minorias malquistas são tratados como seres abjetos, invisíveis, excluídos e marginalizados, uma vez que o preconceito cria uma barreira aparente e um distanciamento daquilo que se difere. Em assonância a esta afirmação,

> [...] o Brasil parece ter deslocado os sujeitos nomeados como homossexuais para a massa da não gente, uma vez que como transviados, não adaptados aos valores morais e psicológicos do *status quo* arquetípico, não exercem os requeridos papéis produtores de cidadania dentro da estrutura de poder material e simbólico subjacentes ao projeto de Estado nacional (Bahia, 2016, p. 385).

O fato é que, se todas as pessoas refletissem, depararíamos com a constatação evidente que cada indivíduo pertence a um grupo minoritário, seja pelo gênero, identidade sexual, etnia, religião, cor, pensamento, entre outras características subjetivas, podendo ser elas a própria vítima do preconceito. Diante disso, afirmamos que nada seria mais desmotivador para o agente caso conseguisse ver a si mesmo como vítima de uma ação própria, fruto de inadequado preconceito surreal. Hannah Arendt, em sua obra ilustre intitulada *A condição humana*, reverbera tal entendimento:

> Se não fossem diferentes, se cada ser humano não diferisse de todos os que existiram, existem ou virão a existir, os homens não precisariam do discurso ou da ação para se fazerem entender. Com simples sinais e sons, poderiam comunicar necessidades imediatas e idênticas (Arendt, 2007, p. 188).

O problema é intensificado quando analisamos o prejuízo representativo da minoria LGBT no enredo político. Isso porque os seus interesses sociais, políticos e direitos são constantemente ignorados por falta de representatividade, além do uso constante do lugar do povo (leia-se Congresso Nacional) para expressar preconceitos, indicá-los como "inimigos" e impedi-los de participar ativamente das discussões legislativas.

Entre todas as atitudes violadoras de direitos, a pior ação legislativa de um Parlamento de extrema direita e conservador, como o da atualidade, é o seu não posicionamento definitivo quanto aos direitos das minorias LGBT. Porque o parlamentar brasileiro não criminaliza os atos homofóbicos, embora paralise qualquer debate ou iniciativa acerca de tal tema polêmico, criando um limbo de negação tácita. O professor Alexandre Bahia acentua isso neste excerto:

> Uma delas é a sistêmica derrota de suas demandas no sistema representativo uma vez que, na correlação de poder, nelas há pouco acúmulo de capital social e simbólico, o que se traduz, consequentemente, em fraco capital jurídico. Assim sendo, tais indivíduos carecem de representatividade e se localizam à margem da proteção jurídica posto que sejam somados aos desqualificados cívicos e, nessa condição de subcidadãos, suas reivindicações por inclusão e igualdade jurídicas são sistematicamente alçadas à condição de não demandas (Bahia, 2016).

Adentrando as consequências pessoais, que envolvem a questão psicológica, física e familiar do cidadão LGBT, contata-se a sujeição à depressão, às violências físicas e psicológicas, além do afastamento da família. Tal afirmação tem como seu motivador a heteronormatividade, em que a pessoa LGBT terá de transpassar a pressão psicológica de ser estigmatizada por terceiros, que associam suas práticas sexuais com atos "demoníacos" ou sentimento de repulsa, de serem esquecidos, humilhados e ridicularizados em seus núcleos familiares e superar até o próprio sentimento de culpa interiorizada para conseguir viver.

O discurso de ódio

Caracteriza-se o discurso de ódio pelo conteúdo segregacionista que menospreza, marginaliza e humilha os indivíduos e grupos sociais não com verdades, mas sim com desvalorizações aparentes que buscam acentuar desigualdades. Logo, podemos observar a sinalagma com que o discurso de ódio envolve-se com a LGBTfobia, tanto no uso do mesmo instrumento, o ódio, para promover o igual fim que é a exclusão social quanto o estabelecimento da desigualdade diante da diversidade humana.

Segundo Brugger (2007, p. 118): "O discurso de ódio refere-se a palavras que tendem a insultar, intimidar ou assediar pessoas em virtude de sua raça, cor, etnicidade, nacionalidade, sexo ou religião, ou que tem a capacidade de instigar violência, ódio ou discriminação contra tais pessoas". Compreende-se, através da citação do autor, que a segregação ocorre na externalização do pensamento, por meio de palavras, que o discurso do ódio é produzido. Dessa forma, por esse meio de comunicação, e fundamentado nas diferenças pessoais, o discurso de ódio é produzido com a finalidade de segregar e discriminar determinados grupos.

O discurso de ódio muitas vezes se confunde com a liberdade de expressão, porém, ao contrário desta, ele estimula uma brutalidade social através do preconceito, da discriminação e da não aceitação do diferente e visa à aversão por aquele que se difere dos outros em variados aspectos.

> A visão contrária é que o conteúdo do discurso de ódio elimina, ou pelo menos minimiza seu caráter comunicativo e, por essa razão, a expressão de mensagens racistas é apropriadamente vista mais como uma conduta do que como um discurso, não sendo aplicáveis, portanto, os argumentos baseados na liberdade de expressão (Brugger, 2007, p. 118).

Através desse entendimento, podemos observar, na citação de Brugger (2007), que a liberdade de expressão, quando posta como uma prioridade perante direitos fundamentais, acarreta no discurso de ódio e elimina o debate, a comunicação e a resolução de conflitos.

As formas manifestas do discurso de ódio

O discurso de ódio pode se manifestar de variadas formas no cotidiano de uma sociedade e, normalmente, não possui um jeito predefinido pelo qual atenta contra direitos. Logo, qualquer pessoa pode vir a efetuá-lo, por inúmeros motivos e de diversas maneiras, sendo algumas pessoas aceitas socialmente e outras, recriminadas.

O primeiro ponto a ser observado é a questão da dita "aceitação" em vez do uso adequado do termo "respeito". Pois, uma vez que o indivíduo deve ser aceito no que diz respeito a sua autodeterminação como ser humano complexo de práticas diversas, *pari passu* há de se afirmar que existe um padrão normativo a ser seguido. Há uma espécie de exigência de que todo sujeito seja homem, branco, cisgênero, heterossexual, cristão, magro, rico e com outras características "normais". Isso porque esta lúdica forma de ser e de viver é tida como a única "honrável", "digna" e "saudável" de sobreviver.

Atualmente, houve o avanço do conservadorismo no contexto político e social, em que ambos foram ocasionados por uma resposta às conquistas recentes de tratamentos mais equânimes e do início do diálogo com grupos marginalizados do Brasil. E esta reação foi insuflada por "teorias" religiosas, que – em sua maioria – denomina aquilo que desaprovam e que faz perder poder como práticas diabólicas ou pecaminosas que levariam o mundo ao seu fim. Claro que não são todas as religiões ou praticantes que buscam a exclusão daqueles que representam a diversidade, mas os tratam de maneira igualitária, humanizada, respeitosa e inserciva. O fato é que muitos políticos e pastores alcançaram bastante fama e apoiadores com o uso intenso do discurso de ódio em seus cultos, pregações e manifestações, pois se apoderam de escritos antigos de outra época da humanidade inseridos em divergente contexto para interpretá-los e aplicá-los da maneira que lhes aprouver hoje. Basicamente, é como explica bem Gustavo Lemes:

> Em seu cerne o discurso de ódio utiliza-se da pluralidade humana para fazer valer uma valoração preconceituosa e discriminatória. Portanto, quando se defende que pessoas LGBT não deveriam se casar, ou que negros e judeus devem ser extirpados da face da Terra, ou que mulheres merecem apanhar quando não respeitam seus maridos, defende-se uma manutenção de uma desigualdade social por meio do discurso, devendo ser combatida com todas as ferramentas que o Direito possui, pois ele é o responsável pela garantia dos direitos básicos e da harmonia social para que os

> indivíduos possuam a maior autonomia possível de suas vidas (Lemes, 2016, p. 196).

Se quisermos conceituar as formas de manifestações do discurso do ódio, podemos usar como parâmetro a distinção feita por Rosenfeld: "O *hate speech in form* são aquelas manifestações explicitamente odiosas, ao passo que o *hate speech in substance* se refere à modalidade velada do discurso do ódio" (*apud* Schäfer; Leivas; Santos, 2015, p. 147). De acordo com ele, o *hate speech* pode ser colocado em duas categorias: o *hate speech in form*, quando no teor do discurso é explícito o conteúdo de ódio, visando apenas à recriminação do outro pela palavra sem qualquer fundamento. Em outro grupo se coloca o *hate speech in substance*, que é o discurso de ódio que é acobertado por algum conteúdo moral ou costume do emissor. A segunda hipótese pode ser vista em grande grau de intensidade nos discursos proclamados com base nos dogmas religiosos, nos costumes e padrões de uma sociedade onde a hetenormatividade é posta como única.

A liberdade de expressão

A liberdade é uma das conquistas mais celebradas e protegidas pela Constituição Federal de 1988, já que ela é um dos pilares centrais do Estado Democrático de Direito e fornece as ferramentas essenciais para a formação do pensamento, o desenvolvimento subjetivo do cidadão e a manifestação ampla da sua consciência, por meio da fala, da escrita e de outras vias. Entretanto, esta garantia, assim como qualquer outra, não é absoluta e carece da imposição estatal com as relativas consequências criminais e cíveis contra ações abusivas para viabilizar o bom convívio social.

A formação do pensamento é a forma mais singular da liberdade, pois ela se concretiza por meio das suas experiências e aprendizados, no qual jamais a censura prévia ocorrerá. Por causa disso, fica evidenciada a importância de obtermos uma educação plural e crítica sobre todas as informações alcançadas para filtrá-las da melhor maneira possível, uma vez que esta consciência norteará as nossas atitudes.

Porém, a ideia de o Estado impor restrições à liberdade de expressão não deve ser vista como algo autoritário a partir do momento em que essas restrições têm como objetivo tutelar a dignidade humana de grupos mais vulneráveis da nossa sociedade. Segundo Rothenburg e Stroppa (2015):

> [...] é preciso superar a percepção de que a liberdade de expressão é apenas uma liberdade negativa, ou seja, que existe liberdade apenas quando não há uma interferência externa, identificada, sobretudo, com atuação do Estado, que impeça o sujeito de fazer o que quiser. Há que compreender que o Estado, ao contrário de ser inimigo da liberdade de expressão, pode exercer um papel positivo para aqueles grupos que, sem a garantia do Estado, não conseguem se expressar no espaço público porque há um "efeito silenciador" promovido pelo discurso dos grupos dominantes (Rothenburg; Stroppa, 2015, p. 458).

Para além da concepção desimpedida da consciência, coexiste a carência da sua manifestação livre e a inoperância da reprovação estatal antecedente, em que é inconcebível a existência do Estado Democrático de Direito com a proibição da liberdade de expressão das suas opiniões, sentimentos e informações. No entanto, a necessidade de se fazer o controle posterior é essencial para que este direito não venha se tornar um "cheque em branco" para a produção do discurso de ódio, ao qual o monopólio do poder coercitivo do Estado deve responsabilizar e recriminar o relativo *tantum* do abuso violento ocorrido.

Análise jurídica *stricto sensu* do discurso de ódio

Temos de trabalhar, outrossim, a análise jurídica em *stricto sensu* do discurso de ódio. Porque o Direito como ciência social aplicada tem o papel de servir como ferramenta essencial de efetivação de direitos e deveres afetos às minorias, na medida em que não haja uma suposta ditadura da maioria.

Para tanto, necessitamos realizar um esforço intelectual inicial objetivado a compreender qual é a finalidade existencial da criação do Estado frente aos seus cidadãos e como a violência ocasionada por ódio pode ocasionar atos lesbo/homo ou transfóbicos na sociedade, assim incitando a instabilidade da paz social no país.

O Estado é uma sociedade constituída essencialmente de um grupo de indivíduos unidos por uma terra, uma cultura e uma identificação, organizados permanentemente para realizar um objetivo comum: o bem público. O bem público pode ser conceituado como o respeito às liberdades civis, a proteção aos direitos humanos e a paz social. Logo, o Direito possui como finalidade basilar o estabelecimento da paz social repercutindo no desenvolvimento livre dos indivíduos envolvidos na sociedade de cunho político: o Estado. O indivíduo deixa de lado a sua liberdade natural, sem limitação alguma, para fornecer a uma figura abstrata o monopólio do poder coercitivo.

Para compreender a relação da liberdade de expressão e o discurso de ódio, há de se afirmar que a primeira é uma consolidação da nossa democracia e de demais direitos fundamentais. A liberdade de expressão está assegurada em tratados internacionais, como a Declaração Universal dos Direitos Humanos e a Convenção Americana sobre Direitos Humanos, dos quais o Brasil é signatário.

Dentro da nossa Carta Magna, também é assegurado a todo cidadão o direito à liberdade de expressão, como cita Rothenburg e Stroppa (2015, p. 452):

> Na Constituição brasileira, o direito de expressão consta de diversos dispositivos, tanto no capítulo dos direitos e deveres individuais e coletivos (art. 5º, IV, V e IX) quanto no capítulo destinado à comunicação social em que houve o reconhecimento expresso de que "a criação, a expressão e a informação, sob qualquer forma, processo ou veículo não sofrerão qualquer restrição, observado o disposto nesta Constituição" (art. 220).

Ao observamos o dispositivo, conclui-se que na própria Constituição há mecanismos que limitam a liberdade de expressão, que são os demais direitos fundamentais elencados na Carta Magna, como pode ser visto no Art. 5°, X da Constituição Federal de 1988:

> X - são invioláveis a intimidade, a vida privada, a honra e a imagem das pessoas, assegurado o direito a indenização pelo dano material ou moral decorrente de sua violação.

Com isso, quando o discurso ultrapassa a ideia de comunicação e ofende e viola os direitos citados no art. 5°, vê-se que ele não é tutelado em nossa Constituição e está sujeito as suas sanções, como já visto de forma mais efetiva nos crimes incitados pelo racismo.

Conclusão

Coexistimos em uma sociedade onde há uma grande diversidade de pessoas e pluralidade de pensamentos, todos envolvidos em diferentes contextos socioculturais que interferem na formação da cidadania e na personalidade de cada um. Independentemente das nossas diferenças, que, por serem tão plurais, tornam normal o conflito de ideias e interesses de bem comum, desde que haja o respeito com cada qual que compõe a mesma comunidade.

A liberdade de expressão é uma conquista adquirida ao longo do tempo, e é assegurada a todos a liberdade de se expressar, seja por palavras, pelo meio artístico, pelo viés político seja por qualquer forma, sem que haja restrições, por mais banal que seja o discurso. Deve-se ressaltar que a nossa sociedade é plural justamente pela conquista desse direito, que, por ser assegurado a todos, serve como um pilar do Estado Democrático de Direito e para que outros direitos sejam adquiridos. No entanto, a liberdade de expressão pode ser utilizada para segregar os grupos que compõem a nossa sociedade, quando usada de maneira demasiada e fundamentada no preconceito e nas diferenças entre as pessoas. Ao atingir esse liame da liberdade de se expressar e da violação de outros direitos fundamentais, não se trata mais de uma liberdade, mas de uma conduta, que se transforma no discurso do ódio. Esse não deve ser tutelado pela liberdade de proteção quando ofende e estimula a discriminação pela cor, orientação sexual, lugar de nascimento ou qualquer outra forma.

Assim sendo, o discurso de ódio transcende a simples expressão e alcança certos grupos minoritários, como a comunidade LGBT, pelo fato de ela não fazer parte de uma padronização social pautada na heteronormatividade. O desdobramento do excesso dessa liberdade é a marginalização dessas minorias, colocadas de forma pejorativa, que perdem a visibilidade e a representatividade por serem tratadas de uma maneira não humana, tendo como consequências inúmeras ofensas ocorridas no cotidiano, sejam na forma mais branda até as mais cruéis, como podemos observar ao acompanhar os noticiários e as inúmeras notícias relatadas contra os LGBT e contra as demais minorias.

Fica explícito que devemos entender que há limites para a liberdade de expressão, que são positivados na Constituição Federal e eles devem ser respeitados em qualquer âmbito, para que os outros direitos fundamentais também sejam respeitados e alcançados por aqueles que necessitam da proteção do Estado para saírem da invisibilidade.

Referências

ARENDT, Hannah. *A condição humana*. Rio de Janeiro: Forense Universitária, 2007.

BAHIA, Alexandre Gustavo Melo Franco de Moraes. A Função Contramajoritária da Constituição Brasileira de 1988 em Proteger Minorias: estudo sobre ADInO n.º 26. In: MIRANDA, Jorge; BOLZAN DE MORAIS, José Luiz; RODRIGUES, Saulo Tarso; MARTÍN, Nuria Belloso (Orgs.). *Hermenêutica, Justiça Constitucional e Direitos Fundamentais*. Curitiba: Juruá, 2016.

BRUGGER, Winfried. Proibição ou proteção do discurso do ódio? Algumas observações sobre o direito alemão e o americano. *Direito*

Público, Porto Alegre, ano 4, n. 15, p. 117-136, jan./mar. 2007. Disponível em: <http://dspace.idp.edu.br:8080/xmlui/bitstream/handle/123456789/541/Direito%20Publico%20n152007_Winfried%20 Brugger.pdf?sequence=1&isAllowed=y>. Acesso em: 12 jan. 2017.

LEMES, Gustavo. O que é discurso de ódio? In: RAMOS, Marcelo Maciel; BRENNER, Paula Rocha Gôuvea; NICOLI, Pedro Augusto Gravatá. *Gênero, sexualidade e direito: uma introdução.* Belo Horizonte: Initia Via, 2016.

RAMOS, Marcelo Maciel; BRENNER, Paula Rocha Gouvêa. *Gênero, sexualidade e direito: uma introdução.* Belo Horizonte: Initia Via, 2016.

RAMOS, Marcelo Maciel; NICOLI, Pedro Augusto Gravatá. **O** *que é LGBTfobia?* In: RAMOS, Marcelo Maciel; BRENNER, Paula Rocha Gôuvea; NICOLI, Pedro Augusto Gravatá. *Gênero, sexualidade e direito: uma introdução.* Belo Horizonte: Initia Via, 2016.

ROTHENBURG, Walter Claudius; STROPPA, Tatiana. Liberdade de expressão e discurso do ódio: o conflito discursivo nas redes sociais. *Revista Eletrônica do Curso de Direito da UFSM,* Santa Maria/RS, v. 10, n. 2, 2015. Disponível em: <https://periodicos.ufsm.br/revistadireito/article/view/19463/pdf#.WL7pa1XyuUk>. Acesso em: 7 jan. 2017.

SCHÄFER, Gilberto; LEIVAS, Paulo Gilberto Cogo; SANTOS, Rodrigo Hamilton dos. Discurso do Ódio da abordagem conceitual ao discurso parlamentar. *Revista de Informação Legislativa*, Brasília, ano 52, n. 207, jul./set. 2015. Disponível em: <http://www2.senado.leg.br/bdsf/bitstream/handle/id/515193/001049120.pdf>. Acesso em: 14 jan. 2017.

VECCHIATTI, Paulo Roberto Iotti. *Ação direta de inconstitucionalidade.* Petição inicial à ADO n.º26. 2013. Disponível em: <http://redir.stf.jus.br/estfvisualizadorpub/jsp/consultarprocessoeletronico/ConsultarProcessoEletronico.jsf?seqobjetoincidente=4515053>. Acesso em: 30 jan. 2017.

Debate sobre o papel do Estado e a discussão da orientação sexual e da identidade de gênero na proposta de base nacional comum curricular

Marcelo de Oliveira Filho
Volneida Costa

Introdução

Vivemos em uma sociedade extremamente complexa, em que as batalhas ideológicas se tornam visíveis nas questões mais relevantes para o desenvolvimento de uma sociedade plural e democrática. Ao mesmo tempo em que essa complexidade aumenta com a abertura interpretativa e real para novas concepções de organizações familiares, novos direitos, novas formas de amar e de viver a sexualidade, assistimos também, cotidianamente, violações aos direitos humanos, desrespeito à diversidade e às diferenças entre as pessoas, culminando em proposições extremadas de que é exemplo a criminalização da homotransfobia.

Na busca de uma alternativa para a construção de uma sociedade mais igualitária, fraterna e democrática, podemos perceber que um dos temas mais relevantes é a forma como o Estado lida com a sexualidade, a orientação sexual e a identidade de gênero no sistema educacional formal.

A questão da discussão sobre orientação sexual/identidade de gênero e de como a escola deve (ou não) lidar com ela está presente na ordem do dia no Brasil, tornando-se mais polêmica a discussão na medida em que grupos mais conservadores ganham força e maior representatividade no Congresso Nacional, com argumentos favoráveis à implantação de uma Base Nacional Comum Curricular (BNCC). Mas se exclui a discussão sobre orientação sexual/identidade de gênero introduzida formalmente no Brasil através dos Parâmetros Curriculares Nacionais pelo Ministério da Educação em 1997 (Brasil, 1997).

Papel do Estado e da escola na formação do indivíduo

A questão da educação pode ser estudada pela academia sobre muitos enfoques, mas quando analisados os efeitos da escola como aparelho ideológico do Estado (Althusser, 1970), sobretudo nos pilares da democracia, torna-se notória a inclusão que espera ser alcançada, como será aqui abordado, como direitos fundamentais individuais.

É de se ressaltar que a democracia no Estado brasileiro ainda é bastante incipiente, mormente na estrutura do Estado Democrático de Direito, que vive ainda uma modernidade tardia. Nesse aspecto, diante da busca democrática por uma mais adequada organização, a visualização e o consequente combate ao problema da exclusão, bem como o entendimento acerca das formas de como a democracia pode aparecer em sociedade, são fundamentais para a erradicação de tal problema, de ordem não apenas política, mas principalmente social.

O constitucionalismo simbólico e a força ideológica da Constituição refletem diretamente na ideia de igualdade em relação à soberania popular e à cidadania plena. Nesse sentido, os mecanismos que reproduzem as relações de fomentação da reflexão dos direitos fundamentais são de extrema importância, como o Plano Nacional de Educação em Direitos Humanos (Brasil, 2007), assinado pelo Ministério da Educação (MEC) e pela Secretaria Especial de Direitos Humanos. O plano defende as intervenções programáticas na educação básica, como se vê:

> [...] fomentar a inclusão, no currículo escolar, das temáticas relativas a gênero, identidade de gênero, raça e etnia, religião, orientação sexual, pessoas com deficiências, entre outros, bem como todas as formas de discriminação e violações de direitos, assegurando a formação continuada dos(as) trabalhadores(as) da educação para lidar criticamente com esses temas (Brasil/Cndh/Mec, 2007, p. 33).

E para a educação superior, estabelece o compromisso de:

> [...] desenvolver políticas estratégicas de ação afirmativa que possibilitem a inclusão, o acesso e a permanência de pessoas com deficiências, segmentos geracionais e étnico-raciais, de gênero, de orientação sexual e religiosa, dentre outros, nas IES (Brasil/Cndh/Mec, 2007, p. 41).

Assim, não obsta salientar que a escola, como aparelho ideológico do Estado, de maneira clara e objetiva, transfere, para seu sujeito passivo, os ideais da classe dominante e os interesses do Estado, pois, "[...] nenhum Aparelho Ideológico de Estado dispõe tanto tempo de audiência obrigatória (e ainda por cima gratuita...), 5 a 6 dias em 7 que tem a semana, à razão de 8 horas por dia, da totalidade das crianças da formação social" (Althusser, 1970, p. 66).

Daí a importância de entendermos as diretrizes curriculares nacionais e as alterações que estão sendo propostas, sem fechar os olhos para os reais interesses e modelos de educação e de sociedade que estão por trás da proposta.

Debate sobre orientação sexual/identidade de gênero nas escolas e proposta de Base Nacional Comum Curricular

Em 1984 Marilena Chauí publicou um trabalho sobre a repressão sexual que contribuiu para a compreensão do tema da sexualidade, desvendando importantes questões relacionadas à repressão sexual, ajudando a entender os diferentes contextos em que a discussão teórica começou. Ao analisar tal discussão em alguns países europeus ainda no século XIX, demonstra que o sexo era até então responsabilidade de pessoas vinculadas à

Igreja, teólogos, confessores, moralistas, artistas, médicos e juristas, passando a ser tratado como problema clínico e de saúde.

Diante da preocupação do Estado com questões vinculadas à sexualidade, mas também com a saúde física e mental (doenças sexualmente transmissíveis, AIDS, gravidez na adolescência, dentre outros), o Governo Federal implantou em 1997 os Parâmetros Curriculares Nacionais (PCNs), devendo a educação e a discussão sobre orientação sexual/identidade de gênero ser realizada (também) pela escola, ultrapassando o conteúdo de saúde reprodutiva e sexualidade para trabalhar princípios democráticos relacionados à igualdade de direitos, o respeito à pessoa humana e a responsabilidade social.

Nos PCNs a sexualidade é apresentada como algo inerente ao ser humano, que faz parte da vida de todas as pessoas desde o nascimento até a morte e, por tal razão, deve ser tratada com naturalidade e responsabilidade. Diante disso, o trabalho de educação sobre orientação sexual/identidade de gênero na escola deve informar, problematizar e debater as atitudes, os diferentes preconceitos e tabus, crenças, valores e atitudes presentes na sociedade. Assim, segundo os PCNs, "A sexualidade, assim como a inteligência, será construída a partir das possibilidades individuais e de sua interação com o meio e a cultura" (Brasil, 1997, p. 81).

Com o objetivo de subsidiar a elaboração dos currículos pela rede de ensino pública e privada, os PCNs estabeleceram que os conteúdos sobre orientação sexual/identidade de gênero na escola deveriam ser organizados em três blocos: 1. Corpo, matriz e sexualidade; 2. Relações e gênero; 3. Prevenção às doenças sexualmente transmissíveis DST/AIDS.

A opção política por inserir nos programas formais das escolas a temática da orientação sexual/identidade de gênero parte da concepção de que a educação tem um papel fundamental na formação integral do ser humano, não podendo ser ignorada pelo Estado. Segundo os PCNs, não cabe à escola julgar como certa ou errada a educação sexual que cada família oferece, mas é papel da escola construir uma cultura de respeito às diferenças, abrir espaço para que a pluralidade de concepções, valores e crenças sobre a sexualidade possam se expressar, constituindo o debate sobre orientação sexual/identidade de gênero tema transversal a ser trabalhado em sala de aula em todos os períodos.

Entretanto, o Governo Federal, através do Ministério da Educação, vem discutindo nos últimos anos a implantação de uma BNCC, apresentando-a como sendo uma exigência imposta para o sistema educacional brasileiro pela Lei de Diretrizes e Bases da Educação e pelo Plano Nacional de Educação, devendo constituir um avanço na melhoria da qualidade da educação.

A questão é complexa e polêmica. Tanto que em abril de 2016 o MEC publicou a segunda versão da proposta (Brasil, 2016).

De acordo com a BNCC, as diretrizes sobre o direito à educação se explicitam em relação aos princípios éticos, políticos e estéticos, os quais devem orientar a educação básica que visa a uma formação humana integral, à construção de uma sociedade mais justa, na qual todas as formas de discriminação, preconceito e exclusão sejam combatidas.

Ao tratar do direito de aprender e de se desenvolver, no que se refere à educação básica, a BNCC estabeleceu três grandes eixos de direitos à aprendizagem e ao desenvolvimento, que se afirmam:

- em relação a princípios éticos;
- em relação a princípios políticos;
- em relação a princípios estéticos.

Estabelece no primeiro eixo que toda criança tem direito:

> Ao respeito e ao acolhimento na sua diversidade, sem preconceitos de origem, etnia, gênero, orientação sexual, idade, convicção religiosa ou quaisquer outras formas de discriminação, bem como terem valorizados seus saberes, identidades, culturas e potencialidades, reconhecendo-se como parte de uma coletividade com a qual devem se comprometer (Brasil, 2016, p. 34).

Embora se afirme que o que deve nortear um projeto de nação é a formação humana integral e uma educação de qualidade social, a proposta de uma BNCC excluiu a temática da orientação sexual/identidade de gênero que estava presente nos PCNs de forma transversal a ser trabalhado em todos os anos/períodos em sala de aula, não constando dos denominados Temas Integradores.

Conclusão

Considerando que os direitos fundamentais constituem parâmetros que limitam a atuação do Estado, especialmente naquilo que diz respeito ao indivíduo, é preciso analisar o direito à educação em toda a sua complexidade e plenitude, inclusive e especialmente o direito de refletir na escola sobre temas polêmicos e essenciais à formação do indivíduo, entre os quais sexualidade, gênero e orientação sexual/identidade de gênero.

Para termos uma compreensão constitucionalmente adequada a respeito da própria educação formal, é fundamental que o Estado, através da escola, assuma – juntamente com a sociedade e os inúmeros tipos diferentes de família – o compromisso de reelaborar os PCNs a partir de princípios que considerem o respeito ao indivíduo e às suas peculiaridades, à diversidade de valores e opções, à responsabilidade social e à igualdade de direitos, permitindo à pessoa uma reflexão sobre sua própria identidade, personalidade, valores, com a orientação educacional em sexualidade necessária para que possa construir seu conhecimento, inclusive sobre os direitos sexuais, a vivência tranquila da sexualidade, assim como deve ocorrer em relação à saúde física e mental.

A partir do momento em que construirmos uma sociedade baseada no pleno respeito ao ser humano, com toda a sua complexidade e diferenças, poderemos – quem sabe? – abolir de nosso vocabulário a palavra tolerância. É preciso respeitar o outro, não simplesmente tolerá-lo. E isso precisa ser ensinado diariamente nas práticas educacionais em todos os graus, do ensino fundamental ao superior.

Assim, considerando que a BNCC constitui-se em verdadeiros parâmetros para elaboração e organização dos currículos das redes de ensino, a omissão da orientação sexual/identidade de gênero e da sexualidade dos temas integradores poderá levar a interpretações que simplesmente excluam do dia a dia da sala de aula questões relacionadas à sexualidade e à orientação sexual/ identidade de gênero pelas escolas, representando um retrocesso na forma de tratar uma temática tão central na atualidade.

Referências

ALTHUSSER, Louis. *Os aparelhos ideológicos do Estado.* Lisboa: Presença, 1970.

BRASIL. *Plano Nacional de Educação em Direitos Humanos: 2007.* Comitê Nacional de Educação em Direitos Humanos. 2. ed. Brasília: Secretaria Especial dos Direitos Humanos, Ministério da Educação, Ministério da Justiça, UNESCO, 2007. Disponível em: <http://portal.mec.gov.br/index.php?option=com_docman&view=download&alias=2191-plano-nacional-pdf&category_slug=dezembro-2009-pdf&Itemid=30192.> Acesso em: 17 fev. 2017.

BRASIL. Secretaria de Educação Fundamental. *Parâmetros curriculares nacionais: pluralidade cultural, orientação sexual.* Brasília: MEC/SEF, 1997.

BRASIL. Ministério da Educação e Cultura. Base Nacional Curricular Comum. 2. ed. Abr. 2016. Disponível em: <http://basenacionalcomum.mec.gov.br/documentos/bncc-2versao.revista.pdf>. Acesso em: 15 fev. 2017.

CHAUÍ, Marilena. *Repressão sexual: essa nossa (des)conhecida.* São Paulo: Brasiliense, 1984.

Do que elas têm medo? Uma discussão de gênero, violência e ódio

Luiz Carlos Garcia
Michelly Etelvina Cabral Marins

Introdução

Só em 2015 foram mais de 45 mil casos de estupro registrados no Brasil, segundo o 10º Anuário Brasileiro de Segurança Pública (2016). Trinta por cento dos brasileiros concordam com a afirmação "a mulher que usa roupas provocantes não pode reclamar se for estuprada".[28] Em pesquisa do Instituto Datafolha encomendada pelo Fórum Brasileiro de Segurança Pública, 85% das mulheres disseram ter medo de sofrer violência sexual.[29] Infelizmente, há ainda outros tantos números alarmantes a respeito dessa realidade brasileira. O que explica números dessa magnitude? Seria uma psicopatia sexual coletiva? Não, afinal tais números são muito semelhantes aos dos anos anteriores, como demonstra o mesmo fórum.[30] Ou seja, estuprar no Brasil é um hábito.

---

[28] Fórum Brasileiro de Segurança Pública e Datafolha, "#APolíciaPrecisaFalarSobreEstupro, Percepção sobre violência sexual e atendimento a mulheres vítimas nas instituições policiais", set. 2016.

[29] Fórum Brasileiro de Segurança Pública e Datafolha, "#APolíciaPrecisaFalarSobreEstupro, Percepção sobre violência sexual e atendimento a mulheres vítimas nas instituições policiais", set. 2016.

[30] O fórum do ano anterior, 9º Fórum Brasileiro de Segurança Pública, trouxe o dado de 47.646 casos notificados de estupro.

Quando se analisa tal situação, não é demais afirmar que se tem uma cultura do estupro. Mas afinal, o que isso significa? O estudioso brasileiro Alfredo Bosi (1996) define cultura como o futuro do verbo latino *colo*, significando o que se vai trabalhar, o que se quer cultivar, e não apenas em termos de agricultura, mas também de transmissão de valores e conhecimento para as próximas gerações. Portanto, entende-se cultura como esse arcabouço de valores que é passado de geração em geração e que molda a forma de agir dos indivíduos inseridos naquele contexto sócio-histórico.

A ideia da cultura do estupro é umbilicalmente ligada ao machismo que permeia e justifica boa parte das atitudes de homens e mulheres na sociedade atual. Tanto homens quanto mulheres são criados desde a primeira infância para seguir determinadas condutas que são atribuídas de acordo com o sexo biológico. Portanto, nascer com um pênis ou uma vagina faz com que o indivíduo automaticamente pertença a determinado gênero e, a partir daí, tem-se um signo que determinará uma série de significados a serem contemplados e preenchidos. Aquele indivíduo que não se enquadra nessa conduta é considerado um desviante, e assim será enquadrado ou marginalizado.

Nessa esteira, atitudes presumidamente inocentes e simples como separar brinquedos de menino e de menina, atitudes que meninos devem ter e que meninas não devem, e desde muito cedo fazer uma definição de qual o comportamento sexual esperado para um homem e para uma mulher são bases nas quais a cultura do estupro se estabelece.

Retomando as ideias dos denominados teóricos *queer*, nas sociedades modernas a sexualidade é usada como dispositivo histórico de poder ao fazer do sexo um sistema de unidade e também de regulação social. Tanto as relações subjetivas entre homens e mulheres quanto o ato sexual em si refletem essa situação de subordinação social da mulher em relação ao homem.

Toda a construção social sugere a liberdade sexual para qual o homem é criado e da qual deve usufruir, em detrimento da mulher, que deve se preservar. Vê-se isso desde a forma como os genitais são tratados – o pênis é tido como sinônimo de poder, enquanto a vagina é ligada ora à maternidade, ora à promiscuidade e sujeira – até a análise social que é feita – tanto por homens como mulheres – da conduta sexual ativa, em que o homem é considerado viril se sexualmente ativo e a mulher, promíscua. Portanto, é nas diferenças atribuídas a cada gênero que se encontra a raiz da cultura do estupro. Pois nesse contexto o homem é colocado como um sujeito com mais direitos do que a mulher, inclusive direitos sobre o corpo da mulher.

E é nesse arranjo, em que o homem é o detentor de direitos e poderes e as mulheres são inferiores, submissas e objetos de posse, que a violência contra as mulheres se apresenta como nada mais do que a "demonstração de poder dos homens" (Faria; Nobre, 1997, p. 18), o exercer do direito em controlá-las. "O estupro não é então a doença dos pervertidos mas a doença do patriarcado" (Vilhena, 2001).

As definições de gênero e suas consequências sociais num contexto machista

No caso específico das questões relativas ao gênero, não se pode olvidar tratar-se de problema que ultrapassa o aspecto meramente da ideia binária de homem e mulher. É, sim, uma maneira de encarar o outro, seja ele portador de um genital X ou Y; é uma cultura engendrada e estabelecida que segrega tanto homem quanto mulher em suas mais variadas perspectivas e em toda a sua conduta sexual.

Ou seja, discutir a construção de gênero e suas muitas consequências para toda a organização social, inclusive o Direito, é uma forma de entender os mecanismos de segregação, as lutas sociais por reconhecimento, os muitos direitos que são usurpados dos cidadãos e a negligência por parte do Estado.

Afirma-se, portanto, que a ideia que se tem hoje de gênero como construção social manipulada pela cultura estabelecida por definir papéis retira a liberdade dos indivíduos e exclui todo e qualquer que não se enquadre no padrão. Geram-se, assim, as lutas por reconhecimento, oriundas exatamente da ausência ou usurpação de direitos consagrados nos planos nacional e internacional (Vieira, 2015).

Muitas vezes ignora-se o papel crucial que tais definições e papéis acabam por desempenhar como verdadeiros vetores de violência. No fenômeno social da violência de gênero, as atribuições e apropriações são causadoras e justificadoras dos acontecimentos. Consegue-se ao mesmo tempo – tendo como ponto de partida as diferenças entre homem e mulher – explicar o comportamento violento do homem e a submissão da mulher, e a justificação do ato violento perpetrado contra ela.

O conceito abrangente de gênero deve ser assimilado a uma realização de possibilidades, mesmo que se nasça com o corpo físico que se atribui a uma mulher, o ato de tornar-se uma mulher pressupõe uma série de apropriações culturais (Salih, 2013). E a ideia de gênero pode perfeitamente ser vista do ponto de vista geral. Ou seja, é imposta uma série de condutas tanto ao homem quanto à mulher. O homem também sofre as consequências dessa padronização social, e mesmo que muitos indivíduos do sexo masculino não se deem conta – em razão de estarem biologicamente do lado que não sofre as maiores imposições –, acabam por reproduzir uma série de condutas de forma "natural". Contudo, se ocorresse uma real reflexão acerca de tais atos, seria possível verificar que eles não são fruto de uma consequência, mas sim de uma imposição social.

Está-se diante de mais um esteio da cultura do estupro, qual seja, o sexo e a conduta sexual agressiva como característica de reafirmação da masculinidade. O homem violenta a mulher por se sentir no direito de fazê-lo e por precisar se afirmar como indivíduo masculino para toda a sociedade. Os atos que compõem essa cultura de violência e que culminam com o estupro, muitas das vezes se justificam nessa necessidade diária que o homem tem de se afirmar como "macho". O homem é posto à prova a todo instante a respeito de sua masculinidade e uma forma de conseguir comprová-la é com a objetificação e o consumo das mulheres (Procuradoria, 2016).

Ou seja, tem-se uma opressão generalizada que atinge homens e mulheres. Obviamente não com as mesmas proporções e consequências. Mas fato é que esse padrão estabelecido de gênero oprime homens, pois lhes impõe uma conduta que muitas vezes não se coaduna com o que subjetivamente o indivíduo gostaria de viver. E da mesma forma oprime e vitimiza mulheres, já que, além de buscar a adequação dessa mulher, estimula o homem a tais condutas.

Assim como o feminino, o masculino também é construído. Logo, há formas pelas quais o indivíduo se reconhece e é reconhecido como homem: o perfil traçado pela mídia, o reconhecimento do grupo e a reação despertada (Korin, 2001). A ideia de masculinidade é algo que supera de maneira clara o indivíduo homem. No sentido que este indivíduo não é, *a priori*, detentor dessa masculinidade. Na verdade ele é, desde sempre, formado para atender aos ditames que essa ideia social estabelece. Não se tem apenas um tipo de homem, e, portanto, seria lógico não se ter apenas um formato de masculinidade. Entretanto, a prática cultural alicerçada em uma série de signos e significantes estrutura uma realidade na qual só é reconhecido e reverenciado como homem – detentor dessa ideia quase mítica de masculinidade – aquele que segue o perfil que esta masculinidade estabelece. Assim cria-se a ideia de uma masculinidade hegemônica. Nesse sentido, asseveram Robert W. Connell e James W. Messerschimidt (2013):

> A masculinidade hegemônica se distinguiu de outras masculinidades, especialmente das masculinidades subordinadas. A masculinidade hegemônica não se assumiu normal num sentido estatístico; apenas uma minoria dos homens talvez a adote. Mas certamente ela é normativa. Ela incorpora a forma mais honrada de ser um homem, ela exige que todos os outros homens se posicionem em

> relação a ela e legitima ideologicamente a subordinação global das mulheres aos homens (Connell; Messerschmidt, 2013, p. 31)

Desse modo, o que se vivencia é uma masculinidade hegemônica que determina padrões muito fechados do "ser homem" ,e tais padrões passam não só por condutas dos homens em relação a si mesmos, mas especialmente no desprezo por tudo que faz referência ou contato com o feminino. É exatamente a ideia de uma inferioridade presumida da mulher em relação a todo e qualquer homem – e a própria ideia de masculino enquanto essência – que serve de base para se justificar a conduta perniciosa de homens em relação às mulheres.

O homem não violenta, assedia, abusa e estupra por mero desejo ou inclinação sexual. Trata-se de um sentimento, uma certeza que está dentro de uma esfera de direito. Os homens se sentem como sujeitos de direito acerca do corpo da mulher. Isso piora numa relação próxima – um casal heterossexual, por exemplo, no qual a mulher se veste de acordo com o que o companheiro considera razoável e querido –, o que ocorre porque há o pressuposto de uma autoridade superior dentro daquela relação, que é o homem.

Mulheres vitimizadas: naturalização da violência

O que se tem é uma prática discursiva poderosa, que acaba por definir papéis de maneira padronizada, os quais são colocados como naturais desde o início da vida de todos os indivíduos. Ocorre uma verdadeira naturalização dos padrões estabelecidos, o que torna todo aquele que está em desacordo com os padrões um ser com conduta antinatural. A consequência sofrida pelo indivíduo que não se insere no padrão é a marginalização e a culpabilização de suas condutas, tanto por membros da sociedade – que interiorizam tais valores – como pelo Estado, que adota uma postura ora comissiva, ora omissiva na ação de suas instituições, refletindo a postura de concordância e de chancela para com a conduta e a doutrina sociais.

Procedimentos da Teoria Queer permitem explorar melhor as relações entre sociedade e subjetividade, bem como compreender os determinantes sociais como subjetivos e, assim, reconstituir e analisar os processos sociais (Scott, 1995). Torna-se importante a análise de gênero e também de temas que gravitam em torno dele – orientação, liberdade e relações sexuais – na qualidade de direitos de personalidade e, portanto, o respeito e a promoção como desdobramentos necessários de qualquer ideia de efetividade da dignidade da pessoa humana. Uma vez encarados sob o prisma do direito de personalidade, o seu livre desenvolvimento e a ação do Direito para garantir isso passa a ser imperativo de um Estado que se diz democrático.

A relevância de analisar como esse fenômeno interfere na dinâmica social consiste exatamente em compreender que se trata de uma cultura do estupro precisamente por não estar-se diante de fatos isolados com razões de existência muito bem definidas, mas sim de atos diários que traçam diferenças de gênero tão claras e reproduzidas em atos práticos o tempo todo. Desde a forma de tratamento que mulheres e homens têm desde o nascimento – cor de roupa, estilo de brinquedos – até as disposições mobiliárias, a organização dos móveis da casa e as regras de decoração podem produzir e reproduzir essas diferenças sexuais (Carvalho, 2001).

Portanto, há estupros no Brasil porque os homens são criados para se conduzirem de forma a entenderem a mulher como inferior e subalternizada, em sentido amplo, enquanto a mulher é criada para acreditar e reproduzir isso. Há a naturalização de códigos que devem ser seguidos tanto por homens quanto por mulheres, de modo a levar a uma alienação ou pelo menos desinformação coletiva do significado de tais condutas. Vilhena, ao tratar da violência contra a mulher, sintetiza:

> A violência e o abuso que os homens infligem às mulheres estão arraigados não apenas na convicção masculina da inferioridade das mulheres mas no ódio que eles têm delas. [...] A submissão da mulher é levada a efeito e mantida por padrões de relação interpessoal prescritos pelas estruturas culturais e sociais [...]. Os privilégios políticos, sociais

> e econômicos que os homens geralmente desfrutam, no que se refere às mulheres, permitem que eles continuem controlando-as. A dominação masculina é apoiada em um *continuum* de força, que inclui assassinato, estupro, espancamento e assédio, assim como a capacidade de impor sanções econômicas (Vilhena, 2001).

Ou seja, se é natural, por que razão deve-se questionar? Esse processo de naturalização é o vetor da construção desse traço cultural violento. Na ideia já apresentada de cultura na qualidade de passagem de conhecimento entre os indivíduos, essa naturalização – oposta a uma ideia de construção social – se fortalece e torna ainda mais difícil o rompimento com o comportamento citado.

Afinal, do que elas têm medo?

Segundo o Fórum Brasileiro de Segurança Pública de 2015, na projeção realizada com base em pesquisa feita pelo Instituto de Pesquisa Econômica Aplicada (IPEA), intitulada Estupro no Brasil: uma Radiografia Segundo os Dados da Saúde, apenas 10% dos casos são denunciados. Ou seja, estar-se-ia diante de mais de 450 mil casos de estupro por ano no país. Estes dados puramente já seriam suficientes para se chegar à conclusão inequívoca de que vivemos em um contexto que promove e ratifica a violência sexual contra a mulher.

Considere-se o estupro como uma espécie de um gênero que é cultura do estupro. Ilustrativamente, pode-se comparar a uma dor de cabeça. Existem vários tipos de dor de cabeça, uns intensos, outros mais brandos, entretanto todos são uma dor de cabeça. Ou seja, o estupro é a espécie mais intensa e danosa de um gênero que é a cultura do estupro, abarcando uma série de outras espécies que muitas vezes não são visualizadas nem por mulheres – que são violentadas e não têm consciência de que se trata de um ato violento – e por alguns homens – que agem de maneira mecanizada, sem problematizar se aquela atitude é ou não parte desse todo violento.

Por outras formas de "dor de cabeça", invisibilizadas, tem-se tudo aquilo que reforça a ideia de que mulheres precisam de proteção, tudo o que constitui o que Vilhena chamou de "pedagogia da violência". Abarcados nessa pedagogia estariam atos como "intimidação, coação, ameaças, negação ou minimização do abuso, isolamento, culpabilização da vítima, dominação, controle econômico, manipulação dos filhos e abuso sexual" (Vilhena, 2001).

Falar de uma cultura do estupro é exatamente trabalhar essa relação que se estabelece entre os indivíduos de gêneros diferentes - partindo da classificação binária - considerando as características e meandros dessa relação que é construída e alimentada em todos os estágios da vida desses indivíduos. E visualizar que há diversas variáveis que levam a um quadro de violência sistêmica contra a mulher no Brasil.

Potencialmente, o homem desenvolve uma atitude antagônica a respeito das mulheres, uma cultura antimulher na qual se humilha tudo que é relacionado com "feminino" ou "não masculino". Daí a violência sexual e o assédio, inclusive, sugerirem não uma ideia de prazer e realização sexual, mas sim uma prova de masculinidade e poder sobre a mulher. Ou seja, o homem age de modo a provar a si, aos outros e às mulheres que é superior a elas. Não um superior no sentido individual apenas, mas uma superioridade que vai ao encontro da ideia de masculino e de tudo o que ela prega e estabelece como querido.

Nesse sentido, podem-se citar os chamados estupros corretivos. Praticados contra mulheres lésbicas/bissexuais, eles ocorrem com a justificativa de punição, de correção pelo não feminino. Tem-se que os agressores não aceitam a posição "masculinizada" dessas mulheres e que elas nada têm a oferecer a eles no campo sexual, e que cabe a eles, indivíduos superiores, que detêm o controle sobre tais corpos, corrigir esta "falha".

A violência sexual se trata, portanto, de um ato que tem como escopo final a manutenção de uma relação de poder demonstrada pelo sexo. Estupro é um crime de gênero (Vilhena, 2001).

A importância dos meios de informação na construção de estereótipos e manutenção de violência

A cultura do estupro não é criação dos tempos modernos. Desde o período colonizador, há relatos da prática de abusos contra mulheres. "O que Gilberto Freire trata como intercurso sexual do colonizador com negras e índias, na verdade é a narrativa de violências sexuais que não eram tratadas como estupro até pouco tempo" (Damasceno, 2016, p. 21).

No século passado, o estupro (quando denunciado) era "perdoado" caso o violentador se casasse com a vítima.[31] Até o ano 2005, o estupro ocorrido dentro do casamento era caso de extinção de punibilidade.[32]

Pode-se perceber, portanto, que se trata de algo antigo, enraizado em nossa cultura, que existe ainda hoje. Para a transmissão e a manutenção desse pensamento, importantíssimo é o auxílio daquilo que Lauretis chamou de "tecnologia de gênero". Para Lauretis, a tecnologia de gênero, juntamente com os discursos institucionais, tem o poder de "produzir, promover e 'implantar' representações de gênero" (Lauretis, 1987, p. 23).

Por tecnologia de gênero, Lauretis pensou em meios como o cinema, por exemplo. Trazendo para a realidade brasileira, pode-se considerar a televisão aberta/fechada, meios impressos de informação (jornais, revistas), literatura, música, comerciais, entre outros, como vetores dessa construção de gênero que culmina em violência e opressão.

Nesses meios, os papéis se reafirmam constantemente. Isso fica ainda mais claro quando se analisam as tecnologias de gênero. No campo musical, por exemplo, gastar-se-iam dias para listar todas as músicas de ritmos diversos que têm como cerne o uso sexual da mulher pelo homem. Diz-se *uso* exatamente por se tratar não de letra que elucida uma relação sexual

---

[31] O Código Penal do Império (LIM-16-12-1830) e o Código Penal de 1890 (Decreto n.º 847) previam uma excludente de culpabilidade no crime de estupro.

[32] Lei 11.106/05.

perpetrada por dois indivíduos, mas sim um ato sexual que tem um protagonista e alguém - a mulher - que o serve na forma, hora e modo que o apraz.

Ainda que tais meios não preguem a violência, o estupro em si, eles reforçam a subordinação, inferiorização e objetificação das mulheres. Ainda que de modo sutil, engraçado - como quando o humorista faz piada sobre a inteligência de alguma mulher - ou quando um filme demonstra os papéis determinados - como quando em um filme a esposa realiza a chamada dupla/tripla jornada enquanto o marido descansa –, essas tecnologias imbricam nos indivíduos os moldes em que a cultura do estupro se apoia.

Quando se pensa em expressões, também é vasto o leque daquelas que são impregnadas de machismo. Desde ditados populares a jargões utilizados, inclusive no caso de estupro masculino. Afinal, quem nunca ouviu, quando da prisão de um estuprador, que ele seria feito de "mulherzinha" pelos demais encarcerados? Ou seja, o ato sexual é referência com clara alusão à mulher, ao feminino.

Conclusão

Ignorar que se vivencia no Brasil atual uma cultura do estupro é fechar os olhos para a realidade. É impossível se conceber que números como os apresentados não demonstrem claramente que o que se tem é um fenômeno social crítico e vitimizador.

A base dessa cultura de violência é um velho conhecido de todos: o machismo. É uma naturalização de condutas, e é na reprodução de preconceitos gerais que residem as bases de atos finais de violência extrema como o estupro e a violência física.

Diante de tentativas reiteradas de desqualificação e invisibilização de tais discussões e lutas - muitas vezes sob o pálio do humor, do ser natural –, é mister a busca por espaços de fala e de promoção da fala para essas mulheres, de modo que possam ocupar espaços, inteirar-se de que inclusive elas são fruto dessa mesma construção social e, assim, localizar-se nesse fenômeno para cultivar a mudança.

Importante também se apresenta a discussão de gênero com as crianças, no seio familiar, nas escolas, no convívio social. Somente com uma discussão iniciada logo cedo, o não marcar do gênero na primeira infância e a não transmissão de "valores" que resultam nas práticas de violência, é possível uma real intervenção no fenômeno social que é a cultura do estupro.

Enquanto não se pensar a violência de gênero como um problema real, complexo e com um espectro de alcance que afeta todos na sociedade, não se conseguirá um avanço real. É complexo exatamente por ser ao mesmo tempo fruto e causador, ou seja, as atitudes são violentadoras e também são causadoras da promoção de novas violências. Repensar o ser homem e mulher – especialmente com fulcro na ideia de que todos são iguais – é essencial para combater esse estado de violência generalizada.

Referências

BOSI, Alfredo. *Dialética da colonização*. São Paulo: Companhia das Letras, 1996.

BRASIL. *Anuário Brasileiro de Segurança Pública*. Fórum Brasileiro de Segurança Pública. Brasília, 2016.

BRASIL. *Código Penal do Império*. LIM-16-12-1830, de 16 de dez de 1830. Disponível em: <http://www.planalto.gov.br/ccivil_03/leis/lim/lim-16-12-1830.htm>. Acesso em: 14 jan. de 2017.

BRASIL. *Código Penal de 1890*. Decreto 847, de 11 de out de 1890. Disponível em: <http://www.planalto.gov.br/ccivil_03/decreto/1851-1899/d847.htm>. Acesso em: 14 jan. 2017.

BRASIL. *Lei 11.106/05*. Lei 11.106, de 28 de mar de 2005. Disponível em: <http://www.planalto.gov.br/ccivil_03/_ato2004-2006/2005/lei/l11106.htm>. Acesso em: 14 de jan. de 2017.

CARVALHO, Vânia Carneiro de. *Gênero e artefato: o sistema doméstico na perspectiva da cultura material. São Paulo, 1870-1920*. São Paulo:

USP, 2001. Tese (Doutorado em História), Universidade de São Paulo, São Paulo, 2001.

CONNELL, Robert W.; MESSERSCHIMIDT, James W. Masculinidade hegemônica: Masculinidade hegemônica. *Revista Estudos Feministas*, v. 21, n. 1, 2013.

DAMASCENO, João Batista. *Revista Jurídica Consulex*, ano XX, n. 466, 2016.

FARIA, Nalu; NOBRE, Miriam. *Gênero e Desigualdade*. São Paulo: Sempreviva Organização Feminista, 1997.

KORIN, Daniel. Nuevas perspectivas de género en salud. *Revista Adolescencia Latinoamericana*, v. 2, n. 2, 2001.

LAURETIS, Tereza de. *A tecnologia do gênero*. Indiana University Press, 1987. Disponível em: <http://pt.scribd.com/doc/81873993/A-Tecnologia-do-Genero-Teresa-de-Lauretis>. Acesso em: 10 jan. 2018.

MARQUES, Alinne. *CDH 13/06/16: Audiência Pública no Senado Federal sobre O estupro no Brasil.* Disponível em: <https://www.youtube.com/watch?v=hBf4_iDb4_Y>. Acesso em: 14 jan. 2017.

SALIH, Sara. *Judith Butler e a Teoria Queer*. Belo Horizonte: Autêntica, 2013.

SCOTT, Joan. Gênero: uma categoria útil de análise histórica. *Educação & Realidade*, Porto Alegre, v. 20, n. 2, p. 71-99, jul./dez. 1995.

PROCURADORIA DA MULHER NO SENADO. *Valeska Zanello. Audiência Pública sobre os crimes de estupro no Brasil.* Disponível em: <https://www.youtube.com/watch?v=OW35qHhitvw&t=7s>. Acesso em: 9 jan. 2017.

VIEIRA, Helena. Teoria Queer, o que é isso? *Revista Fórum*, 7 jun. 2015. Disponível em: <www.revistaforum.com.br/osentidos/2015/06/07/teoria-queer-o-que-e-isso-tensoes-entre-vivencias-e-universidades/>. Acesso em: 10 jun. 2016.

VILHENA, Junia de. Nas raízes do silêncio: sobre estupro feminino. *Tempo Psicanalítico*, n. 33, p. 55-69, 2001. Disponível em: <http://www.academia.edu/8008714/NAS_RA%C3%8DZES_DO_SIL%C3%8ANCIO_SOBRE_O_ESTUPRO_FEMININO>. Acesso em: 25 jan. 2017.

Meu corpo, minhas regras: a transexualidade sob a luz do Direito Constitucional e as lacunas no Estado Democrático de Direito

Giovanna Bianca Trevizani

Introdução

"Sexo é o que se tem entre as pernas [órgão genital]. Gênero é o que se tem entre as orelhas [ego/pensamento]. E orientação é o que se quer entre os braços [com quem quer estar]". Isso é o que explica Letícia Lanz, psicanalista e mestre em Sociologia (Universidade Federal do Paraná). Portanto, partindo desta premissa, a realização do procedimento cirúrgico para redesignação sexual é uma decisão que cabe exclusivamente ao indivíduo, e o Estado não pode interferir nas vontades e necessidades desse indivíduo. Afinal, esse direito é assegurado pelo Texto Máximo, precisamente no art. 1º, inc. III, que garante a todas as pessoas a inviolabilidade da vida privada, da intimidade e da honra, em consonância ao art. 5ª, inc. X, do mesmo diploma. Ressalta-se que os direitos subjetivos da pessoa transexual estão inseridos nos direitos de personalidade, entretanto as implicações no que tange à realização da cirurgia de redesignação sexual estão subordinadas ao consentimento livre e esclarecido (art. 6º da Resolução n.º 1.955/2010, do Conselho Federal de Medicina).

Além disso, a cirurgia de transgenitalização só é recomendada após o diagnóstico atestando o indivíduo como transexual e, ainda assim, exige-se, antes do diagnóstico, um acompanhamento médico realizado por especialistas de diversas áreas durante o período de dois anos (art. n.º 4º, 1.955/2010 do Conselho Federal de Medicina), no qual é endossado que a cirurgia de transformação plástico-reconstrutiva da genitália externa, interna e caracteres sexuais secundários não constitui crime de mutilação previsto no artigo 129 do Código Penal brasileiro, haja vista que tem o propósito terapêutico específico de adequar a genitália ao sexo psíquico.

A Transexualidade

Vivemos em uma sociedade cujas cores como rosa e azul possuem rótulos preestabelecidos de feminino e masculino, banalidades que são determinantes para a construção do indivíduo. O respeito não é um fator preponderante pelo direito ao seu corpo. A transexualidade se refere à condição de o indivíduo possuir uma identidade de gênero diferente daquela à qual foi designado ao nascer. O indivíduo transexual apresenta uma sensação de desconforto e impropriedade em relação à forma sexual anatômica, manifestando o desejo de viver e também o desejo de aceitabilidade como sexo oposto. Homens trans e mulheres trans reivindicam a transição ao gênero oposto por meio de uma intervenção médica, procedimento realizado por uma reposição hormonal e cirurgia de redesignação sexual. O gênero dos termos usados pela descrição de pessoas transexuais se refere ao gênero alvo, ou seja, ao gênero com o qual a pessoa se identifica, sendo uma tarefa árdua para a sociedade aceitar e do sistema estatal viabilizar meios para possibilitar a proteção de direitos e garantias dessas pessoas. Convém elucidar que um homem trans é alguém que foi identificado como mulher no nascimento em virtude de sua genitália, porém se identifica como um homem que está em transição para o gênero masculino em um corpo reatribuído como masculino. É válido realçar que, mesmo na atualidade, a ótica firmada para as pessoas trans decorre dentro do prisma de uma anomalia, um distúrbio.

> A cirurgia de transgenitalização [...] é parte de um tratamento que pressupõe um autodiagnóstico e uma autoprescrição terapêutica, levando algumas pessoas que não se afinam com o seu sexo a identificarem-se com o diagnóstico de transexualidade. Fortalecidas pelos avanços da ciência, elas podem recusar o que acreditam ter sido um equívoco da natureza quanto ao seu sexo biológico, revelando que a anatomia não é suficiente para que o sujeito se posicione subjetivamente como homem ou mulher, mas, paradoxalmente, deve representar o seu "eu" (ELIAS, 2006, p. 30).

A condição do transexual

A Constituição da República advoga que temos direito a nosso próprio corpo, que somos livres para fazer nossas escolhas e que nosso direito é igualitário, desde que não interfira de maneira negativa no direito de outrem. Mas, no caso da pessoa transexual, o que vemos é o inverso. Não se fere apenas o artigo que versa sobre o direito ao corpo, mas também se fere o artigo que certifica que vivemos em um estado laico. O termo "laico" quer dizer sem religião, sem que haja interferência em escolhas políticas e no âmbito jurídico. Vivemos em um país onde a religião está atrelada sempre às nossas raízes e costumes, haja vista a quantidade de pessoas que segue ou possui algum tipo de crença e é numericamente superior à quantidade que não possui. Mas o que isso tem a ver com o direito da pessoa trans? No Congresso Nacional temos uma "bancada evangélica", composta por deputados pastores, que pregam seus preceitos bíblicos e que, segundo sua doutrinação religiosa, o/a trans (no sentido de pessoa) não é interpretado/a como uma pessoa correta, é avaliado/a como uma espécie de aberração. Adentrando o segmento dos excluídos, as pessoas transexuais são as maiores vítimas, pois são alvo de repúdio social, constatando-se um descaso tamanho. Mesmo com o preconceito explícito de que são alvo, das perseguições que sofrem, mantém-se omisso o legislador. Recusa-se a cumprir com a obrigação: fazer leis. Contraria a propriedade da Carta Magna. A criminalização da LGBTfobia é tão urgente, que o próprio procurador-geral da República, Rodrigo Janot, atuou no Supremo Tribunal Federal frente à omissão do Congresso Nacional sugerindo a necessidade de regularização do tema.[33] Com um Congresso conservador citado alhures, as chances de que os direitos debatidos evoluam de uma maneira equânime para os LGBT e para uma sociedade onde se busque o respeito e consequentemente a aplicabilidade dos direitos humanos se tornam ínfimas. Vale destacar que somente no governo da ex-presidenta Dilma Rousseff foi sancionado o decreto permitindo transexuais e travestis a usarem seu nome social em todos os órgãos públicos, autarquias e empresas estatais federais.

Nesse quesito ocorreu uma decisão inédita no país, na qual se garantiu à Márcia Rocha o direito de usar o nome social em sua identidade profissional de advogada, tornando-se a primeira advogada travesti do Brasil, com ato formal realizado na sede da Ordem dos Advogados do Brasil (OAB), de São Paulo. A solicitação com o pedido foi a primeira do país, encaminhada por uma comissão formada pelos advogados Dimitri Sales, Junior Assis e a própria Márcia Rocha, em nome da Comissão de Diversidade Sexual da Seção paulista da OAB, que elaboraram o pedido de alteração dos registros profissionais de advogados e advogadas travestis e transexuais.[34] Apesar do avanço referente aos direitos das pessoas trans em função do nome social, ainda faz-se preciso um amparo nos discrepantes e incontáveis casos de violência, sendo o Brasil o país que mais apresenta casos de homicídios de travestis e transexuais no mundo. Mesmo com a aplicabilidade da Lei Maria da Penha às transexuais, as ações efetivas do Estado como forma de garantir o respeito à identi-

---

[33] Disponível em: <https://noticias.uol.com.br/politica/ultimas-noticias/2015/06/25/procurador-geral-da-republica-defende-que-homofobia-vire-crime-de-racismo.htm>. Acesso em: 29 jan. 2017.

[34] Cf. <http://g1.globo.com/sao-paulo/noticia/brasil-tem-primeira-advogada-transexual-atuando-com-nome-social.ghtml>. (Acesso em: 12 maio 2017).

dade de gênero são ineficientes, cabendo aos Estados "tomar todas as medidas legislativas, administrativas e de outros tipos que sejam necessárias para respeitar plenamente e reconhecer legalmente a identidade de gênero autodefinida por cada pessoa". Deve-se frisar ainda que o art. 2º, bem como o art. 5º, parágrafo único, da Lei Maria da Penha vedam qualquer forma de discriminação em razão da orientação sexual. Sobre a aplicação da lei em destaque:

> Há a exigência de uma qualidade especial: ser mulher. Assim, lésbicas, transexuais, travestis e transgêneros, que tenham identidade social com o sexo feminino estão sob a égide da Lei Maria da Penha. "A agressão contra elas no âmbito familiar constitui violência doméstica." E prossegue, ressaltando, com propriedade, que "descabe deixar à margem da proteção legal aqueles que se reconhecem como mulher (Tannuri; Hudler, 2015).

Transexualidade: visão globalizada

A Declaração Universal do Genoma Humano e dos Direitos Humanos, adotada pela Conferência Geral da Organização das Nações Unidas para a Educação, Ciência e Cultura (Unesco) na sua 29ª sessão, a 11 de novembro de 1997 e endossada pela Assembleia Geral das Nações Unidas na sua Resolução 53/152, de 9 de dezembro de 1998, estabelece que todos possuem direito ao respeito por sua dignidade e direitos humanos, independentemente de suas características genéticas. Essa dignidade faz com que seja imperativo não reduzir os indivíduos às suas características genéticas e respeitar sua singularidade e diversidade. O sexo é justamente uma característica determinada geneticamente, de tal forma que o transexual encontra nessa declaração mais um fundamento para pleitear seu direito de ser reconhecido da forma que realmente é. No âmbito do direito comparado, é expressiva a corrente favorável ao reconhecimento da transexualidade e dos direitos inerentes a tal circunstância, tanto pela via judicial quanto pela legislativa. As legislações sueca, italiana, holandesa, alemã, canadense, espanhola, mexicana e norte-americana (em alguns estados) consagram os direitos dos transexuais de forma plena em seus respectivos ordenamentos.

O Brasil é um Estado membro da Unesco desde 1945 e também adotou a Declaração Universal do Genoma Humano e dos Direitos Humanos. Mas, a despeito disto, existe um silêncio das autoridades brasileiras sobre seu envolvimento efetivo na solução dos conflitos e necessidades sociais decorrentes, como veremos a seguir.

Transexualidade no Sistema de Saúde brasileiro

O Hospital das Clínicas de São Paulo suspendeu a triagem que vinha fazendo desde 2008 para selecionar transexuais que querem fazer a cirurgia de transgenitalização. De acordo com Alexandre Saadeh, coordenador do Ambulatório de Transtorno de Identidade de Gênero e Orientação Sexual do Instituto de Psiquiatria da Universidade de São Paulo (USP), a fila de espera ficou tão grande que tornou insustentável a inclusão de novos atendimentos. "A nossa fila de espera, que hoje tem 200 nomes, dura de 10 a 15 anos", e diz ainda, "Eu não poderia mais criar uma expectativa em pessoas que talvez eu nunca poderia atender" (UFPE, 2015). Desde 2008, o Sistema Único de Saúde (SUS) custeia cirurgias em oito hospitais do país. Além das operações, há acompanhamento psicológico para adultos e crianças, e tratamentos hormonais para adolescentes e adultos. Até o final do ano 2014, 243 pessoas foram operadas pelo SUS, segundo o Ministério da Saúde. Segundo o *Notícias* (UFPE, 2015), 65 adolescentes e 20 crianças participam do programa em São Paulo. Para que recebam o acompanhamento adequado, elas passam por uma triagem. "Cerca de 15% são dispensados nesse momento", explica Alexandre Saadeh. "Ou porque são diagnosticados com alguma doença, como a esquizofrenia, ou porque às vezes é uma questão dos pais, que queriam um filho ou filha de outro sexo", e a criança começa a se comportar de maneira que corresponda a essa expectativa.

Os que são escolhidos recebem atendimento de psicoterapia ao longo dos anos. "Quando eles chegam à puberdade, temos que tomar uma decisão: ou começamos um tratamento hormonal ou bloqueamos o eixo hipotálamo-hipófise", diz Saadeh sobre a glândula que libera os hormônios durante a puberdade. A cirurgia somente é permitida após os 21 anos e, segundo Saadeh, chega a custar 40 mil reais.

Segundo Suzana Livadias, coordenadora do Espaço Trans do Hospital das Clínicas (HC) de Pernambuco, a cirurgia em si não é a coisa mais importante. "Independente da cirurgia, entendemos que é preciso ter um acompanhamento", diz ela. "O intuito da nossa é equipe não é convencer ninguém". O HC de Pernambuco é credenciado desde outubro de 2014 a fazer as cirurgias. Suzana afirma que a previsão para é que 20 operações sejam feitas até o final de 2015 (UFPE, 2015).

Aspectos jurídicos decorrentes da cirurgia de transgenitalização

Ana Paula Ariston Barion Peres, em sua obra *O paradigma dos direitos da personalidade* (2001), conota-nos a decisão proferida pelo magistrado Marco Antônio Ibrahim, datada de junho de 1989, em que houve o deferimento do pedido de alteração do registro civil referente ao sexo e ao prenome de um transexual masculino submetido a cirurgia plástica, que modificou sua constituição genital masculina para dotá-lo de genitália feminina de aspecto e função sexual próximos ao natural.

Tal decisão teve como pilares os artigos 3º, IV, e 5º, X da Constituição Federal; o artigo 1.110 do Código de Processo Civil; o artigo 5º da Lei nº 6.697 de 1979; o parágrafo único do artigo 55 da Lei 6.015 de 1973 e o artigo 5º da atualmente denominada Lei de Introdução às Normas do Direito Brasileiro (Peres, 2001).

O teor da decisão é no sentido de que a não alteração do prenome de pessoa já submetida à cirurgia de transgenitalização ensejaria sua exposição ao ridículo ou à execração pública pelo simples fato de ter um prenome, o que não se poderia admitir ante o espírito da lei, consubstanciado no conjunto de legislações, já referidas, utilizadas para ensejar a prolação desta decisão.

O indivíduo tem seu sexo definido em seu registro civil com base na observação dos órgãos genitais externos no momento do nascimento. No entanto, com o seu crescimento, podem ocorrer disparidades entre o sexo revelado e o sexo psicológico, ou seja, aquele que gostaria de ter e que entende como o que realmente deveria possuir. A cirurgia de transgenitalização não é requisito para a retificação de assento ante o seu caráter secundário. A cirurgia tem caráter complementar, visando à conformação das características e da anatomia ao sexo psicológico. Portanto, tendo em vista que o sexo psicológico é aquele que dirige o comportamento social externo do indivíduo, não há qualquer motivo para se negar a pretendida alteração registral.

Destarte é preciso enfatizar o recente posicionamento da desembargadora Mary Grün, do Tribunal de Justiça de São Paulo, que defende a tese de que não é a identidade biológica de gênero que determina as ações e o comportamento do indivíduo na sociedade, mas a identidade psicológica. Por isso, esta é que conta para o registro em documentos. Embasado nesse entendimento, a desembargadora supracitada reformou a decisão de instância anterior e determinou a mudança do nome de uma pessoa que nasceu com a designação de "mulher", mas se identifica como homem, mesmo sem ter feito cirurgia para mudar de sexo. No caso em tela, o autor da ação é biologicamente uma mulher, mas se identifica com o gênero masculino. Por meio de tratamento hormonal, possui a aparência de um homem e solicitou a mudança de nome alegando passar por situações vexatórias cada vez que o seu nome é dito em voz alta em público e no âmbito do trabalho. Para Mary, o procedimento cirúrgico é uma decisão íntima, relacionada à individualidade, e em nada define a sexualidade da pessoa, que já está definida no campo psicológico. "Manter tal exigência é recair em terreno que afronta os princípios da autonomia da vontade e da dignidade da pessoa humana" (Martines, 2017).

Os embates jurídicos após a cirurgia de transgenitalização

Após a intervenção cirúrgica de mudança sexo num transexual, eis que surgem na esfera jurídica diversas discussões que o legislador pátrio careceu em solucionar, não cabendo ao presente estudo indicar os motivos dessa lacuna legislativa, mas indicar as problemáticas jurídicas que envolvem a alteração do sexo em uma pessoa transexual. Entre os apontamentos, constatam-se as mais relevantes, no que tange à retificação do registro civil em relação ao prenome e ao sexo, bem como ao caso da possibilidade de o transexual convalidar núpcias e os seus desdobramentos, e por fim à questão previdenciária.

Com relação à retificação do assento civil quanto ao prenome e ao sexo, segundo Diniz (2011): "Se a identidade sexual é parte do direito à identidade pessoal, não teria o transexual direito à adequação do sexo e do prenome?", entendimento com fulcro na Declaração Universal dos Direitos Humanos (1948) e na Convenção Europeia para a Salvaguarda dos Direitos do Homem e Liberdades Fundamentais (1950). Nesta seara o legislador pátrio não vislumbrou a necessidade de assegurar esse direito à pessoa transexual após a intervenção cirúrgica, segundo Diniz: "A doutrina e a jurisprudência têm negado, em sua maioria, a retificação do registro civil do transexual operado, alegando que o registro público deve ser preciso e regular, consistindo em expressão da verdade", porém existem julgados que permitem a retificação do prenome no registro civil, como acima verificado (Conjur, 2014).

Vencida a barreira da imutabilidade prevista no art. 58 da Lei n.º 6.015/73 alterada pela Lei 9708/98, eis que surge a necessidade de retificação em relação ao sexo; segundo Diniz (2011), a jurisprudência brasileira já decidiu que no local reservado ao sexo deverá constar o termo "transexual", por ser esta a condição física e psíquica da pessoa, de forma a garantir que outrem não seja induzido em erro. Segundo a autora, esse entendimento é equivocado, uma vez que feriria o princípio da dignidade da pessoa humana (art. 1º, III CF/88), por expor a pessoa transexual a uma situação vexatória, sendo vedada qualquer discriminação, tendo em vista que a pessoa transexual não estaria enquadrada em nenhum gênero, seja masculino ou feminino, não fazendo sentido a pessoa transexual se submeter à intervenção cirúrgica para a adequação psíquica à física, assumindo uma nova vida, e no documento constar o termo "transexual". A sua integração efetiva na sociedade seria, assim, impedida, deixando para trás o seu estado anterior, o qual julgava equivocado, pois nascera em um corpo que não correspondia com a sua identidade psíquica, o que a tornava uma pessoa incompleta e causava diversos transtornos.

Sobre a possibilidade de o transexual, após o procedimento cirúrgico, convalidar núpcias, com fulcro nos art. 1.557, I e III, art. 1.559 e art. 1.560, III todos do Código Civil (2002), que versa sobre, respectivamente, o erro essencial sobre a pessoa do outro cônjuge, anulação do casamento e o prazo decadencial para pleitear em juízo a anulação, são questões levantadas que não encontram respaldo legal. Assim como em relação aos benefícios previdenciários do transexual após o procedimento cirúrgico, questiona Diniz (2011, p. 344): "a regra da proporcionalidade do tempo de serviço à nova realidade, computando-se o tempo cumprido como homem e o a cumprir como mulher".

Considerações finais

As considerações tecidas no presente trabalho tem o objetivo de evidenciar a resistência e a dificuldade de aceitação da sociedade em relação às pessoas trans. O imaginário popular, ainda hoje, apenas compreende e respeita o modelo de casal constituído pelo binômio homem-mulher e entende, ainda, que as genitais que a pessoa tem no nascimento impõem uma única possibilidade de identidade de gênero. Esse entendimento popular defende também que um indivíduo que nasce homem precisa se manter como homem, portando-se como tal e tendo atração apenas por mulheres, e vice-versa. A indagação aqui levantada é, portanto, acerca do significado de gênero. A defesa é que o gênero é, na verdade, uma construção social e que, por esse motivo, não deve ser considerado um sinônimo da palavra sexo, uma vez que a concepção biológica de macho e fêmea se mostra obsoleta e inadequada para um contexto social.

Tais questionamentos relacionados ao significado de sexo, gênero e orientação sexual começaram quando os indivíduos passaram a não se enquadrar no padrão imposto pela sociedade, sendo que homens passaram a assumir relações com outros homens; mulheres passaram a assumir relações com mulheres e, não obstante tudo isso, homens e mulheres começaram a interrogar a sua existência no corpo com o qual haviam nascido, passando a agir de maneira contrária ao sexo biológico.

As pessoas trans, psicologicamente, não se identificam com o sexo biológico, o que lhes fomenta profundo sofrimento, apresentando características de inconformismo, depressão, angústia e repulsa pelo próprio corpo, acarretando um desconforto psíquico com seu sexo antagônico, desejando ter seu corpo readequado ao sexo oposto que anseia possuir.

A cirurgia de adequação de sexo evoluiu ao longo do tempo. Contudo, o Direito não a acompanhou, gerando uma série de conflitos. Portanto, a redesignação sexual é apenas o início de um longo caminho até o reconhecimento do transexual como ser humano dotado de dignidade, pois, mesmo depois da realização da intervenção cirúrgica, ou seja, da mudança do sexo morfológico, continua existindo o estigma e a discriminação na órbita social.

Os conflitos decorrentes dessa disparidade de concepções geram, além da ausência de compreensão e empatia, um grande embate jurídico. A tutela de direitos e a proteção das garantias fundamentais para minorias requerem grandes reformas, que precisam, sim, de debates e respaldos contínuos que minimizem e desestimulem crimes de ódio e discriminação às pessoas trans e demais minorias. Tais garantias são indispensáveis para que a comunidade trans possa gozar de seus direitos fundamentais com isonomia e dignidade. Em paráfrase às palavras de João Nery, o primeiro transexual brasileiro submetido à cirurgia de redesignação sexual: "O nome social deve ser um direito do transexual, pois, sem ele, essa população não existe" (LISBOA, 2017). E vamos ainda mais longe: não apenas o direito ao nome social, o que a comunidade trans necessita é que sejam reconhecidos os direitos à mudança do nome civil e da adequação do sexo no registro para que possam gozar dos mesmos direitos de todos os cidadãos.

Referências

BRASIL. *Código Penal Brasileiro*. Decreto-Lei 2.848: Publicado em 7 de dezembro de 1940.

BRASIL. *Constituição da República Federativa do Brasil*. Promulgada em 5 de outubro de 1988. Organização do texto: Juarez de Oliveira. 4.ed. São Paulo: Saraiva, 1990.

BRASIL. *Lei Maria da Penha*. Lei n.º 11.340. Publicada em 7 de agosto de 2006.

BRASIL. *Resolução CFM n.º 1.955/2010*. Publicada no D.O.U. em 3 de setembro de 2010, Seção I, p. 109-110.

BRASIL, Superior Tribunal de Juatiça. Consolidação da jurisprudência que permite alterar registro civil de transexual. In: CONJUR. 1 dez. 2014. Disponível em: <http://www.conjur.com.br/2014-dez-01/stj-consolida-jurisprudencia-favor-transexuais>. Acesso em: 30 jan. 2017.

DINIZ, Maria Helena. *O estado atual do biodireito*. 8. ed. São Paulo: Saraiva, 2011.

ELIAS, Valéria de Araújo. A psicanálise no hospital e a demanda (trans) sexual. *Rev. SBPH*, v. 9, n. 2, p. 29-41, dez. 2006. Disponível em: <http://pepsic.bvsalud.org/scielo.php?script=sci_arttext&pid=S1516-08582006000200003&lng=pt&nrm=iso>. Acesso em: 30 jan. 2017.

LISBOA, Vinícius. "Sem um nome, não existimos", diz transexual pioneiro no Não. *EBC*, 27 jan. 2017. Disponível em: <http://agencia-

brasil.ebc.com.br/direitos-humanos/noticia/2017-01/sem-um-nome-não-existimos-diz-transexual-pioneiro-no-brasil>. Acesso em: 30 jan. 2017.

MARTINES, Fernando. *Desembargadora autoriza mudança de nome baseada em identificação psicológica.* In: CONJUR. 10 jan. 2017. Disponível em: <http://www.conjur.com.br/2017-jan-10/identificacao-psicologica-genero-permite-mudanca-nome>. Acesso em: 30 jan. 2017.

PERES, Ana Paula Ariston Barion. *Transexualismo: o direito a uma nova identidade sexual.* Rio de Janeiro: Renovar, 2001.

TANNURI, Claudia Aoun; HUDLER, Daniel Jacomelli. *Lei Maria da Penha também é aplicável às transexuais femininas.* In: CONJUR. 2 out. 2015. Disponível em: <http://www.conjur.com.br/2015-out-02/lei-maria-penha-tambem-aplicavel-transexuais-femininas>. Acesso em: 30 jan. 2017.

OS DIREITOS BÁSICOS aos quais transexuais e travestis não têm acesso. *Notícias,* UFPE, 31 ago. 2015. Disponível em: <https://www.ufpe.br/agencia/clipping/index.php?option=com_content&view=article&id=23288:os-direitos-basicos-aos-quais-transexuais-e-travestis-não-tem-acesso&catid=760&Itemid=243>. Acesso em: 29 jan. 2017.

UNESCO. Declaração Universal sobre o Genoma Humano e os Direitos Humanos: Da teoria à prática. 1997. Disponível em: http://unesdoc.unesco.org/images/0012/001229/122990por.pdf. Acesso em: Acesso em: 30 jan. 2017.

LGBT: sociedade plural e a busca pelo direito igualitário

Alexandre G. Melo Franco de Moraes Bahia
Gabriela Vital Ribeiro
Lohany Dutra Amorim

O presente capítulo tem como objetivo identificar aspectos filosóficos e jurídicos dos direitos individuais e o princípio da igualdade diante da diversidade quanto à orientação sexual do indivíduo na sociedade brasileira. Pretende-se, também, mostrar os desafios atuais do Estado Democrático de Direito em conseguir garantir os direitos dos cidadãos em uma sociedade plural.

A homossexualidade é alvo de constante preconceito e agressões tanto físicas quanto psicológicas na sociedade brasileira e, por esse motivo, os movimentos sociais encontram-se em uma busca incansável pela igualdade de direitos, essencial em uma sociedade plural. No atual Estado Democrático de Direito a liberdade de escolha quanto à orientação sexual é fundamental para que se possibilite o pleno desenvolvimento humano e para que a dignidade da pessoa humana possa se desenvolver como um princípio prático e não apenas teórico.

Segundo Cruz e Silva (2011) explicam:

> O modelo atual de sociedade resultou das diversas transformações socioeconômicas e políticas e das lutas sociais ocorridas nos últimos séculos, que proporcionaram à humanidade uma série de conquistas; dentre elas destaca-se a ampliação dos direitos fundamentais. O atual paradigma do Estado Democrático de Direito surgiu com a missão de integrar os direitos individuais e coletivos, agregando outros

> direitos que atendam às novas necessidades de uma sociedade que está em constante evolução, garantindo democracia e liberdade a todos sem distinção (Cruz; Silva, 2011, p. 1).

Como Habermas (2002) explicitou em seu livro *A inclusão do outro*, à medida que surgem novos interesses há uma nova interpretação do que é importante para os indivíduos, logo, é necessária a criação de novos direitos, o que se dá, entre outras maneiras, por movimentos sociais e ações coletivas que levam tais pretensões ao Legislativo. O elenco de direitos fundamentais nunca pode ser visto como um rol fechado, sob pena de acabar se transformando em privilégios de uma maioria em detrimento de minorias. Por tal razão, a Emenda n.º IX da Constituição dos Estados Unidos e o §2º do art. 5º de nossa Constituição deixam claro que tais normas não preveem o teto mas somente o piso, no tocante ao alcance que podem ter novos direitos e novos sujeitos de direitos (Bahia, 2014).

Segundo Habermas (2002):

> No Estado Democrático de Direito, o exercício do poder político está duplamente codificado: é preciso que possam entender tanto o processamento institucionalizado dos problemas que se apresentam quanto à mediação dos respectivos interesses, regrada segundo procedimentos claros, como efetivação de um sistema de direitos [...] Quanto ao direito vigente, também ele precisa ser interpretado de maneira diversa em face de novas necessidades e situações de interesse. Essa disputa acerca da interpretação e imposição de reivindicações historicamente irresolvidas é uma luta por direitos legítimos, nos quais estão implicados agentes coletivos que se defendem contra a desconsideração de sua dignidade (Habermas, 2002, p. 230).

O princípio da igualdade mostra-se de suma importância para a concretização dos direitos de um grupo minoritário, afinal, deve haver igualdade entre homem e mulher e, como Rios (1998) compara, a igualdade se expande para o âmbito da orientação sexual e da identidade de gênero. Então, como se percebe, a Constituição abrange os direitos não fazendo qualquer tipo de discriminação, porém, a sociedade, em geral, ainda é muito preconceituosa e, com isso, os homossexuais sofrem todo tipo de agressão.

> O princípio da igualdade tem, no que se refere à sexualidade, especial proteção mediante a proibição de qualquer discriminação sexual infundada. Invoco, dentre outras normas e sem indicar, por ora, a farta jurisprudência em torno da matéria, o inc. I do art. 5º (assegura a igualdade de direitos e deveres entre homens e mulheres) e o inc. XXX do art. 7º (proíbe a diferença de salários, exercício de funções e critério de admissão por motivo de sexo). A concretização da igualdade em matéria de sexo, exponencializada pela proibição de discriminação, se examinada com cuidado, alcança o âmbito da orientação sexual homossexual. Com efeito, a discriminação de um ser humano em virtude de sua orientação sexual constitui, precisamente, uma hipótese (constitucionalmente vedada) de discriminação sexual (Rios, 1998, p. 1).

Outra importante citação de Rios (1998) diz respeito à orientação sexual, já que, independentemente da forma como indivíduo se compreende, é dever dos cidadãos respeitar essa decisão para que não haja uma invasão desarrazoada em sua esfera privada. Para uma democracia plena é preciso que se respeitem os indivíduos/grupos naquilo em que eles se compreendem (desde que não causem danos a outros), ainda mais em uma sociedade tão diversificada como é a brasileira, concentrada de variadas culturas, gostos e etnias.

> Independentemente da orientação sexual de um ser humano, é mister invocar o respeito devido à sua individualidade, em virtude da citada cláusula constitucional da dignidade da pessoa humana (art. 1º, inc. III). Esta (a dignidade da pessoa humana), aliás, é elemento central na sociabilidade que caracteriza o conceito de Estado democrático de Direito, que promete aos indivíduos muito mais que abstenção de invasões ilegítimas de suas esferas pessoais, a promoção positiva de suas liberdades (Rios, 1998, p.1).

Passou a integrar como importante elemento do direito moderno o princípio da dignidade da pessoa humana, desenvolvido no período pós-guerra, no qual o sujeito passa a ser reconhecido como um fim em si mesmo, conforme já defendia muitos anos antes Immanuel Kant em *Fundamentação da metafísica dos costumes*. Esse reconhecimento atribuiu força à ideia de que o ser humano é o núcleo da proteção jurídica oferecida pelo Estado, após um período no qual regimes totalitaristas não reconheciam no indivíduo seus direitos e deveres.

> Somente o homem considerado como pessoa, isto é, como sujeito de uma razão prático-moral eleva-se acima de qualquer preço; pois como tal (*homo noumenon*) tem de ser avaliado não meramente como meio para outros fins, nem mesmo para seus próprios fins, mas como fim em si mesmo, isto é, ele possui uma dignidade (um valor interno absoluto), pela qual ele constrange todos os outros seres racionais do mundo a ter respeito por ele e pode medir-se com qualquer outro dessa espécie e avaliado em pé de igualdade (Kant, 2013, p. 208).

Nossa Constituição Federal se coloca em constante desenvolvimento conforme os anseios da sociedade passam a ser outros, dessa maneira, evidenciando a necessidade de novos direitos à medida que surgem novas necessidades, como aborda o parágrafo 2º do artigo 5º: "Os direitos e garantias expressos nesta Constituição não excluem outros decorrentes do regime e dos princípios por ela adotados, ou dos tratados internacionais em que a República Federativa do Brasil seja parte". O Brasil é signatário de inúmeros tratados que evidenciam o tratamento da igualdade na esfera jurídica, buscando a eliminação das formas de discriminação embasadas em preconceitos formados por uma sociedade tipicamente tradicional e patriarcal. Podemos citar a Declaração Universal dos Direitos Humanos (1948), o Pacto Internacional sobre Direitos Civis e Políticos (1966) e a Convenção Internacional sobre a Eliminação de todas as formas de Discriminação Racional, como alguns dos tratados que buscam a igualdade e, por conseguinte, o reconhecimento do movimento LGBT.

No entanto, não se pode garantir a dignidade à pessoa humana se não lhe é facultado o desenvolvimento de sua personalidade de forma livre e autônoma. Membros da comunidade LGBT sofrem com uma padronização estabelecida por terceiros aos moldes de uma sociedade patriarcal, que tentam impor um modelo tradicional que se deve conduzir a vida. É notável a inércia do Poder Legislativo ao legislar em favor da proteção de uma minoria e, enquanto ele não cumpre seu papel em tipificar uma conduta discriminatória decorrente da orientação sexual/identidade de gênero tida como diversa, a violência decorrente da intolerância continua a aumentar e não recebe a atenção necessária dos órgãos responsáveis por enquadrá-la na lei como um crime.

Noticiários evidenciam a intolerância enraizada na sociedade que luta para admitir novos moldes familiares, além daqueles enraizados pela tradição patriarcal nos quais a família pode ser composta apenas pela figura masculina e feminina. Segundo dados recolhidos em 2016 pelo Grupo Gay da Bahia, a mais antiga associação ainda em funcionamento, que atua desde 1980 em defesa dos direitos humanos dos homossexuais, a violência antiLGBT atinge todas as faixas etárias, cores, classes sociais e profissões, executados por armas brancas, armas de fogo, bem como espancamentos e outros tipos de violências brutais.[35] A Secretaria Especial de Direitos Humanos do Ministério das Mulheres, da Igualdade Racial e dos Direitos Humanos, publicou no ano 2013 um relatório sobre a violência homofóbica no Brasil, cujas análises foram efetuadas a partir dos dados do Disque Direitos Humanos, Ouvidoria do Sistema Único de Saúde (SUS) e Ouvidoria da Secretaria de Políticas para as Mulheres (SPM).[36]

Conforme a ouvidoria do SUS, que inclui em seu questionário de identificação a pergunta quanto à orientação sexual, daqueles que se manifestaram, 952 pessoas possuem uma

---

[35] Dados de acordo com o Relatório de 2016 do Grupo Gay da Bahia. Disponível em: <https://homofobiamata.files.wordpress.com/2017/01/relatc3b3rio-2016-ps.pdf>. Acesso em: 13 maio 2017.

[36] Os dados aqui apresentados se revelam um instrumento fundamental para o enfrentamento ao preconceito, discriminação e exclusão que atingem lésbicas, gays, bissexuais, transexuais e travestis no país, por possibilitarem a visibilidade, quantificação e comparação da realidade de violações dos direitos humanos vividas por essa população (BRASIL, 2016).

orientação sexual diferente da heterossexual. De acordo com a Fig. 1, o gráfico apresentado ilustra o número de pessoas que se manifestaram no questionário, sendo quase a metade gays, seguidos por bissexuais e lésbicas. Ainda segundo o Disque Direitos Humanos (Disque 100), no ano 2013 foram registradas 1.965 denúncias de 3.398 violações relacionadas à população LGBT, cujos dados estão expostos por mês na Fig. 2.

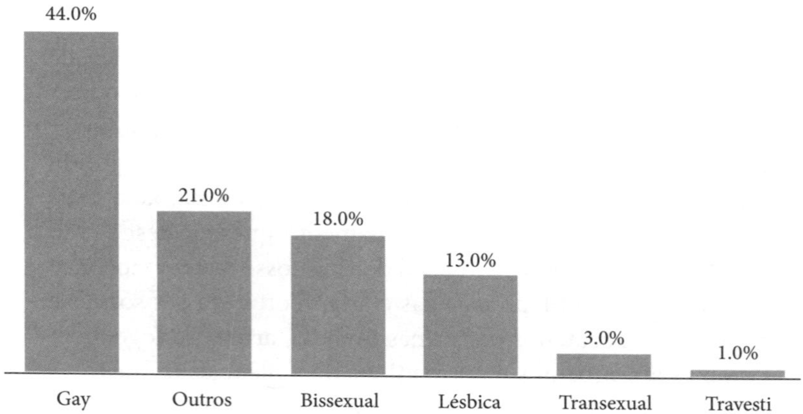

Figura 1: Identidade sexual ou identidade de gênero, segundo questionário
Fonte: Ouvidoria do Sistema Único de Saúde.

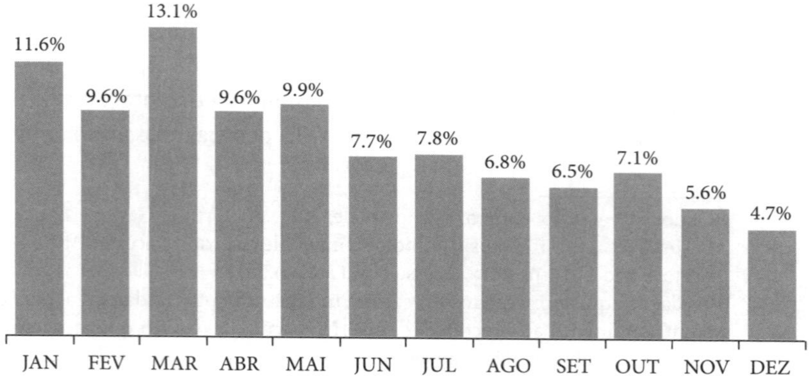

Figura 2: Denúncias no Disque 100, ano 2013

Fonte: Ouvidoria Nacional dos Direitos Humanos - SDH/PR.

Ainda segundo os dados abrangidos pelo Departamento da Ouvidoria Nacional dos Direitos Humanos, a violência psicológica representa 40,1% das denúncias. Dentro desse tipo reportado, encontram-se as humilhações, hostilizações e ameaças, sendo esta última conduta tipificada pelo Código Penal, de acordo com o artigo 147: "Ameaçar alguém, por palavra, escrito ou gesto, ou qualquer outro meio simbólico, de causar-lhe mal injusto e grave".

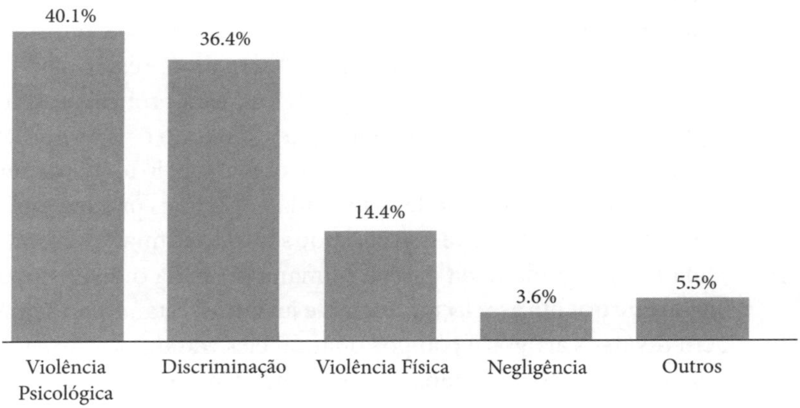

Figura 3: Distribuição das violações
Fonte: Secretaria Especial de Direitos Humanos do Ministério das Mulheres, da Igualdade Racial e dos Direitos Humanos. Relatório de Violência Homofóbica no Brasil (BRASIL, 2016)

Essa opressão toma proporções ainda maiores quando figuras políticas emitem discursos de ódio disfarçados de interpretações teológicas e liberdade de expressão, pregando medidas de repressão que influenciam o indivíduo alienado tomado por preconceitos. No que tange aos limites à liberdade de expressão e ao discurso de ódio, ambos podem ser separados por meio de uma premissa, na qual a liberdade de expressão ultrapassa os limites do princípio da dignidade da pessoa humana, assegurada pelo inciso III do artigo 1º "A República Federativa do Brasil, formada pela união indissolúvel dos Estados e Municípios e do

Distrito Federal, constitui-se em Estado Democrático de Direito e tem como fundamentos: [...] III – a dignidade da pessoa humana" da Constituição Federal, onde, no mesmo dispositivo em seu inciso IV do artigo 3º, busca "promover o bem de todos, sem preconceitos de origem, raça, sexo, cor, idade e quaisquer outras formas de discriminação". O discurso de ódio, portanto, ganha forma quando a própria condição humana é ferida e o livre desenvolvimento da personalidade fica prejudicado.[37]

Em uma matéria com o título: Rejeição dentro de casa é mais do que dolorosa para jovens gays: é perigosa, por Natália Eiras, a advogada Maria Berenice Dias, presidente da Comissão Nacional da Diversidade Sexual, ao falar da opressão vivida pelos homossexuais, afirma: "A primeira é a da própria pessoa, que se autorrejeita e não se aceita", parte daí todo o dano que se pode atribuir à integridade da pessoa, quando, pelo temor de ser julgado por uma sociedade sustentada por pilares preconceituosos, reprime essa parte que compõe sua autonomia e personalidade. A dignidade da pessoa humana permeia o dispositivo legal que orienta as relações sociais e jurídicas, estando presente em diversos artigos e códigos quando eles tratam dos direitos inerentes à pessoa humana. O nosso atual Código Civil de 2002, por exemplo, traz em seu Livro I, Das Pessoas e Título I, Das Pessoas Naturais, o Capítulo II, Dos Direitos da Personalidade, que resguardam legalmente os direitos da personalidade, sendo estes intransmissíveis e irrenunciáveis. Nos artigos seguintes do capítulo mencionado se referem a quais direitos colocam a salvo a personalidade do indivíduo, consequentemente, parte da sua dignidade como pessoa.

Diante do que foi exposto, percebe-se que a homossexualidade ainda é alvo de enorme preconceito e discriminação na sociedade brasileira, e essa situação fere os direitos humanos e o princípio da igualdade e da dignidade humana, pois a homossexualidade não é uma doença, como muitos dizem erroneamente, e sim, uma orientação sexual que deve ser respeitada.

---

[37] Sobre isso, ver: Bahia; Silva (2015).

Segundo Bahia (2010):

> Vale lembrar que a Declaração dos Direitos Humanos aprovada em 1948 é marcada justamente por ser uma resposta às atrocidades cometidas pelo nazifascismo. Assim, esta Declaração, bem como todo o Sistema Internacional de Direitos Humanos, é marcado pela afirmação da igualdade e dignidade da pessoa humana e a proteção contra qualquer forma de discriminação (Bahia, 2010, p. 91).

Outra questão interessante de ser observada é o problema diante de grupos extremistas que usam fundamentações completamente sem sentido para a não aceitação da homossexualidade e induzem outros ao mesmo erro. Com isso, pessoas acabam se tornando preconceituosas por induzimento de terceiros que expressam verbalmente um monte de falácias que degradam a imagem da homossexualidade. Também há a questão de o Estado se omitir na garantia de liberdade de escolha sexual por meio da não criação de medidas mais severas contra a discriminação desse grupo minoritário.

Segundo Bahia:

> A partir final do século XIX a homossexualidade como fenômeno social começa a surgir em forma de uma questão e a ser discutida com graus crescentes de problematicidade na arena pública. Desde os manifestos políticos liberais do alemão Karl-Heinrich Ulrichs nos anos 1860, até os organizados movimentos sociais de reivindicação de direitos e igualdade jurídica surgidos a partir da Segunda Guerra Mundial, os homossexuais passaram a se consolidar, em especial nas sociedades ocidentais de matriz europeia, como um grupo social específico. E sua história, por outro lado, se confunde com a ascensão de teorias eurocêntricas social-biologicistas taxonômicas, que se valeram do cientificismo moderno para dar forma e caráter formal à homofobia/transfobia que, então, passa a ser presente nas esferas jurídico-sociais em todo mundo europeizado até os dias de hoje (Bahia, 2016, p. 3).

As proposições de Habermas também merecem ser mencionadas para que se entenda o processo de inclusão de direitos aos homossexuais, para que eles possam, por exemplo, andar nas ruas e não terem medo de serem agredidos tanto física como psicologicamente por grupos que não aceitam a forma de vida do outro. No livro *A inclusão do outro* (Habermas, 2002), o autor demostrou claramente que não há verdade absoluta entre o certo e o errado e que todos têm o direito de escolha e isso não deve influenciar negativamente a sociedade, e sim ajudar a compreender que ter ponto de vista diferente não pode ser passível de discriminação. No que tange a esse tema de homossexualidade, a orientação sexual não deve ser motivo de violência contra um determinado indivíduo, pois todas as pessoas devem ser regidas pelo princípio da dignidade humana.

A questão do preconceito atrelado à homossexualidade é muito presente na sociedade brasileira, ou seja, antes de a população conhecer essa opção sexual de maneira profunda, eles já fazem preconcepções e prejulgamentos sem ao menos escutar e entender o outro. Afirmam Fleury e Torres:

> A atuação do essencialismo psicológico na categorização social fornece pré-julgamentos que delinearão nossos comportamentos nas nossas relações. Essa tendência em extrair do objeto elementos outros a partir de alguns percebidos contribui na elaboração dos conteúdos que irão determinar nossos preconceitos. A essencialização das diferenças poderá conduzir a sua hierarquização, caracterizando o preconceito e infra-humanizando objetos naturais e sociais (Fleury; Torres, 2007, p. 478).

Como se pode perceber, esses preconceitos se enraizaram na cultura ao longo dos anos, de forma que a maioria não compreende o direito da minoria e com isso todo problema de discriminação e de agressões ao homossexual se torna cada dia mais evidente no país. E como não há severidade nas leis contra esses tipos de abuso, a impunidade facilita a conduta criminosa.

O termo "homofobia" é explicado pelo professor doutor Marco Aurélio Máximo Prado no Prefácio da obra de Daniel Borrillo:

> A homofobia como termo para designar uma forma de preconceito e aversão às homossexualidades em geral tem se lançado na sociedade brasileira com alguma força política, conceitual e analítica nos últimos anos. Ainda que, do ponto

> de vista histórico e analítico, não revele mais a complexidade das formas de hierarquização sexual, violência e preconceito social, é um conceito que hoje carrega um sem-número de sentidos e fenômenos que ultrapassam a sua descrição conceitual primeira (PRADO *apud* BORRILLO, 2010, p. 07).

A homofobia está presente no meio social e isso gera grandes preocupações, pois essa aversão ao que não é igual é algo preocupante, pois pode gerar intolerâncias cada vez piores. E o tema da homofobia fere os valores democráticos de um país, no caso analisado, o Brasil. Pois, onde está a democracia em um país em que seus cidadãos não respeitam um grupo minoritário? Afinal, democracia não é a escolha da maioria, pois se fosse assim seria uma ditadura democrática, e sim a busca constante de incluir novos sujeitos na sociedade, ainda mais em um país pluralista como é o Brasil.

É notável que ser LGBT numa sociedade que se funda em moldes tradicionais ainda se configura como um risco O antiLGBT toma diversas formas além das violências tipificadas no Código Penal, e não se reduz à rejeição irracional ou ódio em relação aos membros da comunidade LGBT, pois também é uma manifestação que qualifica o outro como contrário, inferior ou anormal. Devido à sua diferença, esse outro é excluído de sua humanidade, dignidade e personalidade.[38]

Referências

BAHIA, Alexandre G. M. F. de M. A não discriminação como direito fundamental e as redes municipais de proteção a minorias sexuais – LGBT. *Revista de Informação Legislativa*, Brasília, ano 47, n. 186, p. 89-106, abr./jun. 2010.

BAHIA, Alexandre G. M. F. de M. Igualdade: 3 dimensões, 3 desafios. *In*: CLÈVE, Clèmerson M.; FREIRE, Alexandre (orgs.). *Direitos fundamentais e jurisdição constitucional: análise, crítica e contribuições.* São Paulo: Revista dos Tribunais, 2014. p. 73-98.

[38] Relatório da Violência Homofóbica no Brasil (BRASIL, 2016).

BAHIA, Alexandre G. M. F. de M.; SILVA, Diogo Bacha. Necessidade de criminalizar a homofobia no Brasil: porvir democrático e inclusão das minorias. *Revista da Faculdade de Direito UFPR*, Curitiba, v. 60, p. 177-207, 2015. Disponível em: <http://revistas.ufpr.br/direito/article/view/38641>. Acesso em: 15 maio 2017.

BAHIA, Alexandre G. M. F. de M. A função contramajoritária da Constituição Brasileira de 1988 em proteger minorias: estudo sobre ADInO. n.º 26. *In*: MIRANDA, Jorge *et al.* (Orgs.). *Hermenêutica, Justiça Constitucional e Direitos Fundamentais*. Juruá: Curitiba, 2016, p. 371-400.

BORRILLO, Daniel. *Homofobia: história e crítica de um preconceito*. Belo Horizonte: Autêntica, 2010.

BRASIL. Secretaria Especial de Direitos Humanos do Ministério das Mulheres, da Igualdade Racial e dos Direitos Humanos. *Relatório de Violência Homofóbica no Brasil: ano 2013*. Brasília, DF, 2016.

BRASIL. Lei no 10.406, de 10 de janeiro de 2002. Código Civil. Disponível em: <http://www.cjf.jus.br/ojs2/index.php/revcej/article/viewArticle/160/248>. Acesso em: 01 fevereiro 2018.

BRASIL. *Constituição da República Federativa do Brasil de 1988*. Disponível em: <http://www.planalto.gov.br/ccivil_03/constituicao/constituicao.htm>. Acesso em: 03 fev. 2018.

COMISSÃO DE DIREITOS HUMANOS E MINORIAS-CDHM. *Convenção Internacional sobre a Eliminação de todas as formas de Discriminação Racial*. Disponível em: <http://www2.camara.leg.br/atividade-legislativa/comissoes/comissoes-permanentes/cdhm/comite-brasileiro-de-direitos-humanos-e-politica-externa/ConvInt ElimTodForDiscRac.html>. Acesso em: 02 jan. 2018.

CRUZ, Cleidiana da Conceição; SILVA, Nayara Maria Pereira da. A legitimidade da decisão do STF a favor da união homoafetiva frente aos anseios de uma sociedade plural. *Âmbito Jurídico*, Rio Grande, ano XIV, n. 91, agosto de 2011. Disponível em: <http://www.ambitojuridico.com.br/site/index.php?n_link=revista_artigos_leitura&artigo_id=10012&revista_caderno=14>. Acesso em: 2 dez. 2016.

EIRAS, Natália. Rejeição dentro de casa é mais do que dolorosa para jovens gays: é perigosa. Disponível em: <https://estilo.uol.com.br/comportamento/noticias/redacao/2017/01/13/rejeicao-dentro-de-casa-e-mais-do-que-dolorosa-para-jovens-gays-e-perigosa.htm>. Acesso em: 05 jan. 2017.

FLEURY, Alessandra R. D.; TORRES, Ana Raquel R. Análise psicossocial do preconceito contra homossexuais. *Estudos de Psicologia*, Campinas, ano I, v. 24, n. 4, p. 475-486, out./dez. 2007. Disponível em: <http://www.scielo.br/pdf/estpsi/v24n4/v24n4a07.pdf>. Acesso em: 02 jan. 2017.

GRUPO GAY DA BAHIA. *Relatório 2016*. Assassinatos LGBT no Brasil. Salvador, 2016.

HABERMAS, Jürgen. *A inclusão do outro: estudos de teoria política*. São Paulo: Loyola, 2002.

KANT, Immanuel. *Fundamentação da metafísica dos costumes*. Tradução de Célia Aparecida Martins, Bruno Nadai, Diego Kosbiau e Monique Hulsof. Petrópolis, RJ: Vozes; Bragança Paulista, SP: Ed. da Universidade São Francisco, 2013.

MINISTÉRIO DOS DIREITO HUMANOS. Ouvidoria Nacional dos Direitos Humanos – SDH/PR. *Relatório de Violência Homofóbica no Brasil: ano 2013*. Disponível em: <http://www.mdh.gov.br/assuntos/lgbt/dados-estatisticos/Relatorio2013.pdf>. Acesso em: 05 jan. 2018.

MIRANDA, Felipe Arady. O direito fundamental ao livre desenvolvimento da personalidade. *RIDB, Revista do Instituto do Direito Brasileiro*, Lisboa, ano 2, n. 10, p. 11175-11211, 2013. Disponível em: <http://www.cidp.pt/publicacoes/revistas/ridb/2013/10/2013_10_11175_11211.pdf>. Acesso em: 25 jan. 2016.

ONU. *Declaração universal dos direitos humanos* (1948). Disponível em: <http://www.dhnet.org.br/direitos/deconu/textos/integra.htm>. Acesso em: 02 jan. 2018.

ONU. *Pacto Internacional sobre Direitos Civis e Políticos* (1966). Disponível em: <http://www.cne.pt/sites/default/files/dl/2_pacto_direitos_civis_politicos.pdf>. Acesso em: 03 jan. 2018.

RIOS, Roger R. Direitos fundamentais e orientação sexual: o direito brasileiro e a homossexualidade. *Revista Conselho da Justiça Federal*, Brasília, v. 2, n. 6, set./dez. 1998. Disponível em: <http://www.cjf.jus.br/ojs2/index.php/revcej/article/viewArticle/160/248>. Acesso em: 13 maio 2017.

A influência do STF no reconhecimento das mudanças comportamentais da sociedade brasileira no tocante à minoria LGBT

Francis Augusto Duarte

Introdução

A sociedade brasileira, formada por grande miscigenação de povos, raças e religiões diversas,[39] passou por grandes transformações em sua recente história. O presente capítulo, tem por missão fazer uma análise histórica da conquista de direitos por certas minorias, em foco os LGBT, que lutam por direitos há décadas, mas sempre são deixados aos rodapés da história do país. Utilizando de uma breve reflexão bibliográfica e social, são questionadas as influências das leis no comportamento social e o quanto é necessária a aplicação delas para as minorias. Tendo como referenciais manifestações dos ministros do Supremo Tribunal Federal Cármen Lúcia Antunes Rocha e Luís Roberto Barroso, buscando trazer o pensamento dos juristas à luz dos momentos históricos e da luta dessas minorias, pretende-se discutir a relação entre a Constituição de 1988 e o reconhecimento de direitos dos LGBT - particularmente da união estável homoafetiva. Para tanto, foi feita uma revisão bibliográfica histórico-construtiva.

[39] Ainda que se tenha consciência de que tal "mistura" tenha se dado, no mais das vezes, de maneira violenta.

A Constituição de 1988 e o direito dos excluídos

A promulgação da Constituição Federal de 1988 representou um grande avanço na consolidação de direitos fundamentais da sociedade brasileira e na efetivação do Estado Democrático de Direito. Após anos vivendo sob um regime ditatorial, os constituintes mostraram grande cuidado com as proteções da pessoa humana e as garantias desses direitos, com forte influência da Declaração Internacional dos Direitos Humanos promulgada em 1948 pela Organização das Nações Unidas (ONU). Na Carta Magna de 1988, foram alocados como cláusulas pétreas os direitos e as garantias fundamentais:

> Art. 1º A República Federativa do Brasil, formada pela união indissolúvel dos Estados e Municípios e do Distrito Federal, constitui-se em Estado Democrático de Direito e tem como fundamentos:
> I – a soberania;
> II – a cidadania;
> III – a dignidade da pessoa humana [...].
> Art. 3º Constituem objetivos fundamentais da República Federativa do Brasil:
> I – construir uma sociedade livre, justa e solidária;
> [...] IV– promover o bem de todos, sem preconceitos de origem, raça, sexo, cor, idade e quaisquer outras formas de discriminação (BRASIL, 2004, grifos nossos).

No entendimento de Paulo Bonavides: "[...] os direitos fundamentais são aqueles direitos que receberam da Constituição um grau mais elevado de garantia ou de segurança [...]" (Bonavides, 1997, p. 515). Em breve análise do artigo 1º ao 5º, já se percebe o cuidado em proteger as minorias e garantir um mínimo de dignidade possível a elas. O tratamento igualitário a todos, sem distinção de raça, credo, afiliação política e orientação sexual/identidade de gênero, foi importante para a criação de uma sociedade justa e igualitária, que visava à dignidade da pessoa humana como fundamento. A ministra e presidente do Supremo Tribunal Federal, Cármen Lúcia Antunes Rocha, nos diz um pouco sobre a magnitude dos princípios fundamentais:

> [...] o princípio da igualdade resplandece sobre quase todos os outros acolhidos como pilastras do edifício normativo fundamental alicerçado. É guia não apenas de regras, mas de quase todos os outros princípios que informam e conformam o modelo constitucional positivado, sendo guiado apenas por um, ao qual se dá a servir: o da dignidade da pessoa humana (art. 1º, III, da Constituição Federal da República) (Rocha, 1996, p. 86).

Os direitos fundamentais e a luta pela sua efetivação na sociedade brasileira mudaram o cenário sociopolítico visto até aquele momento. Diversas ações afirmativas com intuito de dar acesso, para algumas minorias, a espaços antes exclusivamente dedicados à elite heterossexual branca brasileira foram criadas.

Porém, com todas as ações afirmativas, um grupo minoritário ainda foi deixado de lado, talvez por uma questão moral religiosa que permeia os três poderes (Legislativo, Judiciário e Executivo), e nenhuma ação que visava os ajudar na luta contra o preconceito ou garantir seus direitos foi implantada.

A comunidade LGBT (lésbicas, gays, bissexuais, travestis, transexuais e transgêneros) foi deixada de lado durante anos. Porém, com as emblemáticas decisões em Ação Direta de Inconstitucionalidade (ADI) 4277, bem como a Arguição de Descumprimento de Preceito Fundamental (ADPF) 132, a qual permitiu o reconhecimento da união estável igualitária, a situação começou a mudar. A comunidade LGBT ganhou visibilidade nas discussões sociais, porém o índice de violência contra a comunidade não diminuiu. Atos de violência motivados por homofobia e transfobia têm sido relatados em todo Brasil e, segundo pesquisas do Grupo Gay da Bahia (GGB), a cada 27 horas, um LBGT é assassinado no país. Só no ano passado, foram registradas 318 mortes de gays, travestis, lésbicas e bissexuais (Azevedo; Bretas, 2016). Mesmo com altos índices, ainda não se tem uma lei específica que criminalize esses atos. Vários doutrinadores e juristas têm usado os princípios da dignidade da pessoa humana e da igualdade para pressionar a equiparação da homotransfobia à Lei 7.716/89 (Lei de Racismo), que tipifica o crime de racismo.

Essa equiparação resguardaria a comunidade LGBT até a criação de uma lei própria.

Princípio da igualdade

O famoso e aclamado "princípio da igualdade", influência direta do Direito francês nos primórdios da época do grande Napoleão Bonaparte, estão alocados no Art. 5º, Caput da Constituição Federal de 1988:

> Art. 5º Todos são iguais perante a lei, sem distinção de qualquer natureza, garantindo-se aos brasileiros e aos estrangeiros residentes no País a inviolabilidade do direito à vida, à liberdade, à igualdade, à segurança e à propriedade [...] (Brasil, 2004).

Como é visto no texto da Carta de 1988, não há especificidade em definir o princípio da igualdade como igualdade material, mas apenas certa formalidade em se tratar do assunto, em decorrência de um pensamento liberal que predominava no período pós-ditatorial, marcado pelo fim da guerra fria e pela expansão da informação e do poder do povo nas sociedades capitalistas.

Sobre esse princípio, Cármen Lúcia Antunes Rocha salienta:

> [...] a sociedade estatal ressente-se das desigualdades como espinhosa matéria a ser regulamentada para circunscrever-se a limites que arrimassem as pretensões dos burgueses, novos autores das normas, e forjasse um espaço de segurança contra as investidas dos privilegiados em títulos de nobreza e correlatas regalias no Poder. Não se cogita, entretanto, de uma igualação genericamente assentada, mas da ruptura de uma situação em que prerrogativas pessoais decorrentes de artifícios sociais impõem formas despóticas e acintosamente injustas de desigualação. Estabelece-se, então, um Direito que se afirma fundado no reconhecimento da igualdade dos homens, igualdade em sua dignidade, em sua condição essencial de ser humano. Positiva-se o princípio da igualdade. A lei, diz-se então, será aplicada igualmente a quem sobre ela se encontre submetido. Preceitua-se o princípio da igualdade perante a lei (Rocha, 1990, p. 35).

Esse princípio da igualdade origina dos ideais iluministas, desde a proclamação da Declaração dos Direitos do Homem e do Cidadão de 1789 (*Déclaration des Droits de l'Homme et du Citoyen*), fruto da Revolução Francesa. O mundo passou a olhar com mais atenção a questão da igualdade, no sentido de tratar o outro como igual, não mais naquele pensamento monárquico. A famosa e inspirada declaração que veio influenciar praticamente todas as futuras Constituições do mundo, após ser ratificada, apregoava, em seu primeiro artigo, a igualdade: "Art.1.º Os homens nascem e são livres e iguais em direitos. As distinções sociais só podem fundamentar-se na utilidade comum".

A luta pela igualdade entre todos, sendo de classe social, e, em tratamento as minorias, fica claro quando o princípio da dignidade da pessoa humana se torna a principal base em que se sustentam os princípios fundamentais.

Nas palavras do ministro do Supremo Tribunal Federal Luís Roberto Barroso:

> A dignidade da pessoa humana é o valor e o princípio subjacente ao grande mandamento, de origem religiosa, do respeito ao próximo. Todas as pessoas são iguais e têm direito a tratamento igualmente digno. A dignidade da pessoa humana é a ideia que informa, na filosofia, o imperativo categórico kantiano, dando origem a proposições éticas superadoras do utilitarismo: a) uma pessoa deve agir como se a máxima da sua conduta pudesse transformar-se em uma lei universal; b) cada indivíduo deve ser tratado como um fim em si mesmo, e não como um meio para realização de metas coletivas ou de outras metas individuais. As coisas têm preço; as pessoas têm dignidade. Do ponto de vista moral, ser é muito mais do que ter (Barroso, 2011, p. 252).

A dignidade da pessoa humana, como Barroso (2011) nos mostra, significa que as pessoas devem ser tratadas como seres incríveis que são, e não serem coisificadas ou excluídas. Mas as perguntas que se fazem, dizem respeito aos LGBT: em que parte do grande caminho de inclusão e busca de efetivação de direitos fundamentais eles foram incluídos? Ainda são tratados com igualdade, ou os princípios são apenas para aqueles que se enquadram no padrão heteronormativo existente na sociedade? Muito se fala em igualdade de tratamento no Brasil, no quanto os brasileiros têm orgulho de sua Constituição, mas não há que se negar que alguns indivíduos e suas características são mais incluídos que outros. Basta olhar frequentemente a luta que o movimento LGBT tem travado há anos para criminalizar a homotransfobia e, os direitos básicos que a passos muito lentos a comunidade vai ganhando, como o uso de nome social e a equiparação da união estável ao casamento, permitindo, na linguagem mais popular, o "casamento gay". Mas qual o motivo de a sociedade brasileira tão inclusiva e receptiva não apoiar esses movimentos? O Brasil possui uma influência religiosa muito grande, e o predomínio do sistema cristão patriarcal só aumenta essa dificuldade de inclusão das minorias. A grave violação aos direitos humanos e à dignidade da pessoa humana, por esses motivos morais religiosos, é uma grande ofensa às liberdades fundamentais e é preciso rever se de fato está sendo colocado em prática o direito à igualdade (Bahia, 2010).

As criações de leis no Brasil que vão contra o padrão cristão patriarcal causam grande impacto na sociedade, porém precisa-se analisar a sua real importância dentro do momento histórico.

Leis que mudaram o comportamento social

Desde a fundação dos valores e dos padrões estabelecidos na sociedade brasileira, várias leis e normas foram criadas. Com tudo isso e o passar dos anos, algumas leis em específico conseguiram alterar padrões, transformando-os, muitas vezes, por completo, como a consolidação das leis trabalhistas, a abolição da escravidão, o direito de voto das mulheres, a lei do divórcio e, é claro, o entendimento jurídico do casamento civil igualitário, entre tantas outras. Leis que muitas vezes no momento de sua promulgação não tiveram crédito ou impacto, mas que, com o passar dos anos e os debates surgidos por elas, mudaram o cenário social. Algumas delas impactaram de tal forma as minorias, que serão abordadas a seguir.

Abolição

As conquistas históricas de direitos das minorias no Brasil são momentos importantes na construção da atual sociedade brasileira e seus padrões existentes. Em 13 de maio de 1888, foi sancionada no Brasil a Lei Imperial n.º 3.353, mais conhecida como a Lei Áurea, extinguindo a escravidão no país. Mas o que se viu posteriormente à libertação dos escravos foi uma corrida das elites brancas para segregar os ex-escravos a uma classe de subcidadãos, negando-lhes os direitos. Mesmo nunca expressando isso, o Brasil foi fundado em república de uma forma racista, e o padrão branco europeu era o correto à época, e durante anos um mito de democracia racial foi espalhado na sociedade, mas na prática o que se via eram os negros em situações socialmente muito diferentes, sendo jogados à sorte sem a devida inclusão ou ajuda do governo. A elite oligárquica brasileira já tinha em sua própria sociedade os elementos necessários para forjar sua ideologia racial. Tinha aprendido desde o período colonial a ver os negros como inferiores (Costa, 1985). Passados mais de cem anos de sua promulgação, o que se encontra ainda nos dias atuais é uma pouca modificação no quadro social: os negros ainda estão em posição inferiorizada em relação aos brancos, o acesso à educação de qualidade é baixo e as condições de sobrevivência ainda são precárias.À avanços, na temática do combate ao racismo, com o surgimento de ativistas abordando o tema dentro da mídia e no meio acadêmico, como é o caso da filósofa e ativista Djamila Ribeiro.

Em suma, o questionamento que se faz é se a promulgação de uma lei tão importante muda de fato o quadro social e a forma como a sociedade vê os indivíduos atingidos por ela. É algo a que dificilmente conseguiremos responder.

Maria da Penha

No dia 7 de agosto de 2006, sancionada pelo então presidente da República Luiz Inácio Lula da Silva, a Lei 11.340

foi promulgada, criando mecanismo para coibir e prevenir a violência doméstica contra mulheres.

> Art. 1º Esta Lei cria mecanismos para coibir e prevenir a violência doméstica e familiar contra a mulher, nos termos do § 8o do art. 226 da Constituição Federal, da Convenção sobre a Eliminação de Todas as Formas de Violência contra a Mulher, da Convenção Interamericana para Prevenir, Punir e Erradicar a Violência contra a Mulher e de outros tratados internacionais ratificados pela República Federativa do Brasil; dispõe sobre a criação dos Juizados de Violência Doméstica e Familiar contra a Mulher; e estabelece medidas de assistência e proteção às mulheres em situação de violência doméstica e familiar (Brasil, 2006).

A Lei Maria da Penha, como ficou popularmente conhecida, ganhou o nome em homenagem a Maria da Penha Maia Fernandes, que sofreu durante anos agressões pelo marido. Após ser agredida pela primeira vez e ficando paraplégica com a agressão, Maria da Penha procurou as autoridades judiciárias; no entanto, não existia legislação específica na época que a amparasse. O processo durou anos e o cônjuge dela estava em liberdade todo o tempo, causando-lhe agressões contínuas. Só mediante interferência da Comissão Interamericana de Direitos Humanos da Organização dos Estados Americanos (CIDH/OEA) que, por meio de denúncia, determinou ao Brasil o cumprimento dos tratados internacionais pactuados, especialmente no que tange à violência doméstica. As mudanças sociais causadas pela promulgação da lei mudaram o Brasil, as discussões de gênero ganharam espaço, mas as críticas também. A ex-desembargadora Maria Berenice Dias pondera que as críticas existem como uma questão de desigualdade entre homens e mulheres no contexto brasileiro:

> Acaba de entrar em vigor a Lei 11.340 – chamada Lei Maria da Penha – que cria mecanismos para coibir e prevenir a violência doméstica e familiar contra a mulher. Foi recebida da mesma forma que são tratadas as vítimas que protege: com desdém e desconfiança. Como tudo o que é inovador, está sendo alvo de ácidas críticas. São apontados erros,

> imprecisões e até inconstitucionalidades. Nada mais do que injustificável resistência à sua entrada em vigor. Por mais que se tente minimizar sua valia, é um passo significativo para assegurar à mulher sua integridade física, psíquica, sexual e moral (Dias, [s/d]).

O Brasil foi criado socialmente sobre a égide de padrões patriarcais, com o homem sendo o chefe da casa e, sob seu manto, todos os familiares, a mulher sendo submissa sempre. Com a luta dos movimentos feministas, isso foi mudando ao longo dos anos, mas estamos longe de uma sociedade igualitária quanto a direitos de homens e mulheres. As discussões de políticas de igualdade de gênero aumentaram com a entrada em vigor da Lei 11.340, porém o que é visto na sociedade é que as mulheres ainda ocupam um espaço pequeno na "mesa", mesmo com a eleição da primeira mulher presidente do Brasil em 2010. As mulheres ainda ganham menos que os homens, e é claramente visível que o fato de ter uma presidente da República mulher não foi nada fácil, já que o Legislativo era composto quase totalmente por homens heterossexuais e brancos. Dados divulgados pela União Interparlamentar indicam que, de um total de 174 países, o Brasil ocupa apenas a 154ª posição no ranking de representação feminina no Legislativo. As mulheres, mesmo sendo a maior parte do eleitorado, ainda têm pouca representatividade. E o que falar sobre os LGBT?

Os direitos da comunidade LGBT

A busca por direitos iguais da comunidade LGBT ganhou mais destaque com as emblemáticas decisões de Ação Direta de Inconstitucionalidade (ADI) 4277 e a Arguição de Descumprimento de Preceito Fundamental (ADPF) 132, citadas anteriormente, que permitiram o reconhecimento da união estável homoafetiva. A decisão do Supremo Tribunal Federal Brasileiro de equiparar os direitos civis aos casais homoafetivos gerou um grande debate na sociedade. O direito adquirido por essa minoria oprimida e excluída da sociedade cristã patriarcal brasileira demonstrou o quão infundado estavam os discursos de exclusão, em que até cidadãos dotados de direito e de razão são influenciados por um discurso pragmático. Seja pela falta de uma educação básica de qualidade ou por um forte teor religioso e moral que influenciou as Constituições e os costumes na sociedade brasileira, sociedade essa de oprimidos que lutam por direitos a educação, saúde, liberdade religiosa e igualdade racial, mas que se levantam contra casais formados por pessoas do mesmo sexo, banalizando o "diferente". Olhando tudo isso é possível dizer que leis criadas para favorecer uma minoria específica conseguem ter real eficácia na sociedade. A decisão judicial sobre a união estável (homoafetiva) não fez com que o preconceito deixasse de existir, assim como a abolição da escravidão não acabou com as formas de discriminação e segregação contra os negros. Porém, assim como os negros, a importância da visibilidade gerada à comunidade LGBT com a decisão do STF marcou a história de efetivação de direitos fundamentais.(Duarte, Correia, 2016). Os travestis e transexuais, ora tão excluídos da sociedade e da própria comunidade LGBT, ganharam voz, para lutar contra a transfobia, sobre a qual Louis-Georges Tin (2003) discorre:

> Assim como os homossexuais, homens ou mulheres foram objetos de homofobia, os (as) transexuais, transgêneros, travestis, drag queens ou drag kings são alvos de tratamentos discriminatórios. Essas populações não se definem, a priori, em função de uma sexualidade específica, não se trata aqui de propriamente falar da adoção de uma forma de sexualidade humilhada pelo modelo heterossexual que constituem o disparador de reações de rejeição ou de exclusão. Entretanto, a relação entre sexo, gênero e aparência sobre a qual essas identidades se constroem, contribuem para estremecer as referências de ordem heterocentrista, a transfobia exprime a hostilidade, a aversão sistemática, mais ou menos consciente, em respeito a esses indivíduos os quais a identidade confunde os parâmetros dos papéis sociossexuais e transgride as fronteiras entre os sexos e entre os gêneros. [...] A expressão da transfobia reveste-se, de fato, de formas

> muito similares àquelas da homofobia; mas ela comporta igualmente especificidades que correspondem às particularidades dos grupos específicos. Sua tradução, a mais brutal e a mais evidente, é sem dúvida a violência física e a intimidação (Tin, 2003, p. 406-409).

As discussões de gênero, embasadas fortemente em obras de Judith Butler, movimentam o mundo e revelam o quão ignorantes do assunto a sociedade está. Questões simples como o uso do nome social e uso do banheiro feminino pelos transgêneros e transexuais têm provocado calorosos debates sociais.

> É cruel a existência destas vidas que devem lutar para se manterem vivas sem que sua condição de seres humanos seja reconhecida. Vidas com um histórico de abandono pelos poderes públicos que libertas ou encontradas em situações de extrema degradação só poderão contar futuramente com suas próprias precariedades. Pessoas cujos nomes e histórias de vida quase nunca aparecem nos noticiários, que serão esquecidas em registros policiais e judiciários (Guimarães, 2008, p. 3).

A criminalização da homotransfobia é necessária e urgente dentro da sociedade brasileira. Com a visibilidade ganha pelo movimento LGBT, em contrapartida a violência também aumentou e isso é preocupante. Como já citado no início deste ensaio, segundo pesquisas do GGB, a cada 27 horas, um homossexual é assassinado no país. Isso classifica o Brasil como o país mais violento do mundo para a comunidade LGBT.

A efetivação da justiça e dos princípios fundamentais só será concreta quando todos tiverem o mesmo direito. Por isso existe a luta pela criminalização, o alto índice de violência não produz efeito para se criar uma lei que proteja essas minorias, algo que claramente é influência da sociedade patriarcal hetero-cristã que domina as decisões legislativas e judiciárias do Brasil.

O que é colocado aqui é uma breve reflexão sobre a luta de direitos com base no princípio da igualdade, que incluem todos os excluídos, criando assim uma democracia inclusiva que atenda a todos.

Conclusão

Toda essa discussão e pesquisa servem para mostrar que é preciso implantar leis e efetivar sua aplicação para garantir proteção às minorias, independentemente de sua alta rejeição, baseada em valores morais e não jurídicos. As mudanças comportamentais na sociedade irão ocorrer, aos poucos, mas acontecerão. Assim como em passos lentos o negro e a mulher estão ganhando espaço na sociedade, saindo de uma classificação de cidadãos de segunda classe, os LGBT também ganharão. O assunto precisa entrar nos debates de família e, nos meios político e acadêmico. Assim, em um futuro, espera-se não tão longínquo, a igualdade prevista na Constituição, não será só de fato, mas sim material.

Referências

AZEVEDO, Rita; BRETAS, Valéria. Um retrato da violência contra homossexuais no Brasil. *Revista Exame*, São Paulo, 29 maio 2016. Disponível em: <http://exame.abril.com.br/brasil/um-retrato-da-violencia-contra-homossexuais-no-brasil/?fb_comment_id=1074957399235548_1075039899227298>. Acesso em: 9 fev. 2016.

BAHIA, Alexandre G. M. F. de M. A não discriminação como Direito Fundamental e as redes municipais de proteção a minorias sexuais – LGBT. *Revista de Informação Legislativa*, Brasília, ano 47, n. 186, abr./jun. 2010.

BARROSO, Luís Roberto. *Curso de Direito Constitucional Contemporâneo*. São Paulo: Saraiva, 2011.

BONAVIDES, Paulo. *Curso de Direito Constitucional*. 7. ed. São Paulo: Malheiros, 1997.

BRASIL. Constituição (1988). Senado Federal. *Texto constitucional de 5 de outubro de 1988 com as alterações adotadas pelas emendas constitucionais*. Brasília, DF, 2004.

BRASIL. *Decreto-lei n.º 7.716, de 5 de janeiro de 1989*. Define os crimes resultantes de preconceito de raça ou de cor. In: Diário Oficial da União, Seção 1, Brasília, 1989, p. 369.

BRASIL. Decreto-*lei n.º 3.553, de 13 de janeiro de 1888*, Dispõe sobre a abolição da escravidão em território nacional. Diário Oficial Da União, Rio de Janeiro, 14 maio 1888.

BRASIL. *Decreto-lei n.º 11.340, de 7 de agosto de 2006*. Dispõe sobre mecanismos para coibir a violência doméstica e familiar contra a mulher. Diário Oficial da União, Brasília, 8 de agosto 2006.

BRASIL. Supremo reconhece união homoafetiva. *Notícias STF*, 5 maio 2011. Disponível em: <http://www.stf.jus.br/portal/cms/verNoticiaDetalhe.asp?idConteudo=178931>. Acesso em: 8 maio. 2016.

COMISSÃO INTERAMERICANA DE DIREITOS HUMANOS DA ORGANIZAÇÃO DOS ESTADOS AMERICANOS (CIDH/OEA), *Relatório n.° 54/01* Caso 12.051, Maria Da Penha Maia Fernandes*--Brasil,4 de abril de 2001.

COSTA, Emília Viotti da. *Da Monarquia à República: momentos decisivos*. 3. ed. São Paulo: Brasiliense, 1985.

Declaração dos Direitos do Homem e do Cidadão (*Déclaration des Droits de Homme et du Citoyen)*, Assembleia Constituinte – França, 26 de agosto de 1789.

DECLARAÇÃO UNIVERSAL DOS DIREITOS HUMANOS. Assembleia Geral das Nações Unidas em Paris. 10 dez. 1948. Disponível em: <http://www.ohchr.org/EN/UDHR/Documents/UDHR_Translations/por.pdf>. Acesso em: 20 dez. 2016.

DIAS, Maria Berenice. *Um basta à violência doméstica*. [s.d.]. Disponível em: <http://www.mariaberenice.com.br/manager/arq/(cod2_812)13__um_basta_a_violencia_domestica.pdf>. Acesso em: 12 jan. 2017.

DUARTE, F. A.; CORREIA, A. C. Da abolição ao princípio da igualdade: precisamos falar sobre as ações afirmativas. In: FREITAS, André V. L. de; DINIZ, Fernanda Paula; PEREIRA, Henrique Viana. (Orgs.). *Direito na atualidade: uma análise multidisciplinar*. Rio de Janeiro: Lumen Juris, 2016. v. I, p. 135-153.

GUIMARÃES, Rodrigo Belinaso. Cenários de suplício: o abandono e a captura da vida. *Revista Espaço Acadêmico*, Maringá, n. 84, 2008. Disponível em: <http://www.espacoacademico.com.br/084/84guimaraes.pdf>. Acesso em: 6 de jan de 2009.

ONU, *Brasil fica em 167º lugar em ranking de participação de mulheres no Executivo, alerta ONU*. Disponivel em:<https://nacoesunidas.org/

brasil-fica-em-167o-lugar-em-ranking-de-participacao-de-mulheres--no-executivo-alerta-onu/. Acesso em 16 de março 2017.

STF - ADI:4277 DF, RELATOR: Min. AYRES BRITTO, Data de Julgamento:05/05/2011, Tribunal Pleno, Data de Publicação:DJe-198 Divulg 13-10-2011 PUBLIC 14-10-2011 EMENT VOL-02607-03 PP-00341. Disponivel em: <http://www.stf.jus.br/portal/jurisprudencia/visualizarEmenta.asp?s1=000180733&base=baseAcordaos. Acesso em: 12 jan. 2017.

TIN, Louis-Georges (Org.). *Dictionnaire de l'homophobie*. Paris: Presses Universitaires de France, 2003.

Direitos sexuais: orientação sexual e identidade de gênero no direito brasileiro

Roger Raupp Rios

Introdução

Este texto objetiva fornecer um panorama dos direitos sexuais no Direito brasileiro, a partir da perspectiva dos direitos humanos e dos direitos fundamentais. Neste esforço, toma como referência o tratamento jurídico e o debate contemporâneo brasileiros diante das demandas jurídicas articuladas pelo denominado movimento LGBTTT.

Para tanto, após uma breve notícia histórica do tratamento da homossexualidade no Direito brasileiro, busca identificar as principais tendências e tensões que caracterizam o desenvolvimento dos direitos sexuais no país, com os olhos atentos às questões de orientação sexual e identidade de gênero (primeira parte). A seguir, destaca o conteúdo da decisão do Supremo Tribunal Federal (STF) acerca das uniões de pessoas do mesmo sexo, cuja importância e influência no quadro jurídico brasileiro atual são inquestionáveis (segunda parte); ao final, indica os temas mais urgentes e disputados nesta arena, com destaque para a criminalização da homofobia e as ameaças à laicidade estatal (terceira parte).

A homossexualidade no Direito brasileiro: notícia histórica e principais tendências e tensões contemporâneas

Notícia histórica do tratamento jurídico da homossexualidade no Brasil: da repressão colonial à descriminalização implícita em 1988

O Direito brasileiro tem suas raízes históricas no Direito colonial português. Com a chegada dos portugueses nas terras coloniais em 1500, passou a vigorar o Direito lusitano, acompanhado das regulações eclesiásticas católicas, conforme a área do Direito e a questão envolvida.

Comportamentos dissociados da moral vigente, que qualificava como pecado e como ilícito jurídico tudo que destoasse do coito vaginal entre pessoas de sexos opostos, eram submetidos a forte repressão, sendo considerados, ainda, causadores de desgraças naturais, tais como terremotos, enchentes e dilúvios. Sejam atos sexuais praticados entre nativos, sejam atos praticados por colonizadores portugueses, entre homens ou entre mulheres, uniam-se, na apuração dos delitos e na execução das penas, o tribunal do Santo Ofício, a justiça eclesiástica e a justiça secular. Tudo em um sistema punitivo animado pela prática premiada da delação e pela punição daqueles que, comprovadamente sabendo, não denunciassem às autoridades a prática da sodomia.

De acordo com Pierangelli (apud Trevisan, 2000), além dos açoites e do degredo, a pena indicada aos praticantes do "vício nefando" chegava à morte, com a entrega do corpo à fogueira e o corpo reduzido a pó, "para que dele nem de sua sepultura pudesse ser ouvida memória" (nas palavras das Ordenações Afonsinas, de 1446). Os termos das Ordenações Filipinas (1603) eram ainda mais graves, mediante a imposição de penas além do condenado e, inclusive, com a menção explícita às mulheres como possíveis agentes do "vício italiano". Ainda segundo esse autor,

> [...] toda pessoa, de qualquer qualidade que seja, que pecado de Sodomia, por qualquer maneira, cometer, seja queimado, e feito por fogo em pó; para que nunca do seu corpo e sepultura possa haver memória, e todos os seus bens sejam confiscados para a Coroa de nosso Reino, posto que tenha descendentes; e pelo mesmo caso seus filhos e netos ficarão inábiles e infames, assim como os daqueles que cometem crime de Lesa Majestade.

E, continua ele, esta lei também se entendeu às mulheres, "que umas com as outras, cometem pecado contra a natura, e da maneira que temos dito nos homens". Outrossim qualquer homem ou mulher, que carnalmente tivesse ajuntamento com alguma alimária (animais), fosse queimado e feito pó. E as pessoas, que, com outras do mesmo sexo, cometessem o pecado da molície (masturbação entre si), seriam castigadas gravemente com o degredo para as galés, e outras penas extraordinárias, segundo o modo e a perseverança do pecado (cf. PIERANGELLI *apud* TREVISAN, 2000).

A criminalização da sodomia perdurou no Direito brasileiro até o Código Penal do Império, de 1830. Promulgado no ambiente ideológico do iluminismo liberal, e influenciado pelo Código Criminal napoleônico de 1810 e pelo Código napolitano de 1819, o primeiro Código Penal do Brasil independente acabou por influenciar a legislação espanhola e latino-americana.

Não obstante a descriminalização havida no Código Criminal do Império, as práticas homossexuais voltam a ser criminalizadas, no âmbito militar, em 1891 (artigo 148 do Decreto n.º 18, de 7 de março de 1891, o Código Penal da Armada), sendo-lhe cominada a pena de "prisão com trabalho por um a quatro anos" a quem estivesse a serviço da marinha de guerra e atentasse "contra a honestidade de pessoa de um ou outro sexo por meio de violência ou ameaças, com o fim de saciar paixões lascivas, ou por depravação moral, ou por inversão de instincto sexual".

Essa norma vigorou até o advento do Código Penal Militar de 1944 (Decreto-lei n.º 6.227, de 24 de janeiro de 1944), o qual cominava a pena de "detenção, de seis meses a um ano", a quem praticasse a conduta prevista no artigo 197, no capítulo dos crimes sexuais, que previa: "praticar ou permitir o militar que com ele se pratique, ato libidinoso em lugar sujeito à administração militar". Tratava-se de norma penal que, sem destinatário com orientação sexual específica, voltava-se nitidamente contra homossexuais.

Isso vigorou até o ano 1969, quando adveio o Código Penal Militar, hoje em vigor. Nesse diploma legislativo, surge a tipificação do ato libidinoso, com o destaque explícito ao ato homossexual e, mais ainda, com a inserção do *nomen juris* de "pederastia". Desse modo, ao menos até a promulgação da Constituição Federal de 1988, cujos termos podem ser interpretados como importando a revogação implícita da norma penal incriminadora de atos homossexuais, subsistiram normas jurídicas criminais repressivas da homossexualidade.

Direitos fundamentais, orientação sexual e identidade de gênero a partir de 1988: tendências e tensões desde as primeiras demandas até a decisão do Supremo Tribunal Federal (2011)

A Constituição brasileira de 1988 representa não somente um rompimento com o autoritarismo marcante da ditadura militar iniciada em 1964; do ponto de vista jurídico, ela é um marco na afirmação da proeminência dos direitos humanos e dos direitos fundamentais na ordem jurídica nacional. O rol de direitos fundamentais inscritos no Título II do diploma constitucional, acrescido da estatura privilegiada dos direitos humanos veiculados na ordem internacional e incorporados no Direito brasileiro, possibilitaram a tradução normativa de reivindicações democráticas por parte de indivíduos e grupos no cenário nacional.

As demandas pelo reconhecimento de direitos humanos e fundamentais relacionadas à orientação sexual e à identidade de gênero se inscrevem neste contexto. Inicialmente pouco articulados, é a partir de meados dos anos 90 do século passado que aportam aos tribunais brasileiros os primeiros litígios judiciais desafiando a discriminação sexual nestes dois domínios.

Numa retrospectiva histórica, pode-se afirmar que, a partir de então, até a decisão do STF, tomada em 2011, o Direito brasileiro experimentou uma fase de afirmação e de consolidação do reconhecimento de direitos sexuais, em especial voltados contra a discriminação por motivo de orientação sexual. Já as demandas relacionadas à identidade de gênero (relativas, em especial, à alteração de nome e de sexo no registro civil) passam a se apresentar de modo mais significativo e a suscitar debate mais intenso somente a partir da segunda década deste século.

No plano constitucional, o Direito brasileiro registra, além da existência de projeto de emenda constitucional arquivado que visava à inclusão da orientação sexual como explícito critério proibitivo de discriminação, previsões constitucionais estaduais específicas em alguns estados da federação (Mato Grosso, Sergipe, Piauí e Distrito Federal).

No plano legislativo interno, há duas referências na legislação federal: a Lei n.º 9.612, de 1998 (que trata da proibição de discriminação por motivo de "preferências sexuais" na programação da radiodifusão comunitária) e a Lei n.º 11.340, de 2006 (que combate a violência doméstica e familiar contra a mulher, sem distinção de orientação sexual).

Nos âmbitos estadual e municipal, mais de uma centena de localidades brasileiras e alguns estados federados sancionaram leis, de cunho administrativo, proibindo discriminação por motivo de orientação sexual.

Nesse conjunto de normas, merece destaque o Programa Brasil sem Homofobia (Programa de Combate à Violência e à Discriminação contra LGTB – gays, lésbicas, transgêneros e bissexuais – e de Promoção da Cidadania de Homossexuais), lançado em 2004, pela Secretaria Especial de Direitos Humanos. Trata-se, na suas palavras, de programa constituído de diferentes ações, objetivando: (a) o apoio a projetos de fortalecimento de instituições públicas e não governamentais que atuam na promoção da cidadania homossexual e/ou no combate à homofobia; (b) capacitação de profissionais e representantes do movimento homossexual que atuam na defesa de direitos humanos; (c) disseminação de informações sobre direitos, de promoção da autoestima homossexual; (d) incentivo à denúncia de violações dos direitos humanos do segmento LGTB. Antes dele, as duas versões do Plano Nacional de Direitos Humanos (de 1996 e 2002) mencionaram o combate à discriminação por orientação sexual, sem, contudo, emprestar ao tópico maior desenvolvimento.

Como referido, a inserção da proibição de discriminação por orientação sexual iniciou-se em virtude de demandas judiciais, a partir de meados dos anos 1990, voltadas para as políticas de seguridade social. Seguiram-se às decisões judiciais iniciativas legislativas, municipais e estaduais, concentradas nos primeiros anos no segundo milênio, espalhadas por diversos estados da Federação.

Um exame do conteúdo dessas iniciativas e da dinâmica com que elas são produzidas no contexto nacional chama a atenção para duas tendências: a busca por direitos sociais como reivindicação primeira onde a diversidade sexual se apresenta e a utilização do direito de família como argumentação jurídica recorrente. Estas tendências caracterizam uma dinâmica peculiar do caso brasileiro em face da experiência de outros países e sociedades ocidentais, onde, via de regra, a luta por direitos sexuais inicia-se pela proteção da privacidade e da liberdade negativa e a caracterização jurídico-familiar das uniões de pessoas do mesmo sexo é etapa final de reconhecimento de direitos vinculados à diversidade sexual.

Além dessas tendências, a inserção da diversidade sexual, assim como manifestada na legislação existente, revela a tensão entre as perspectivas universalista e particularista no que diz respeito aos direitos sexuais e à diversidade sexual, de um lado, e à luta por direitos específicos de minorias sexuais, de outro.

A primeira tendência a ser examinada é a utilização de demandas reivindicando direitos sociais como lugar onde se defendeu a diversidade sexual. Como referido, enquanto em países ocidentais de tradição democrática a luta por direitos sexuais ocorreu, inicialmente, pelo combate a restrições legais à liberdade individual, no caso brasileiro o que se percebe é a afirmação da proibição da discriminação por orientação sexual como requisito para o acesso a benefícios previdenciários. Tal é o que revela, por exemplo, a superação no Direito europeu da criminalização do sexo consensual privado entre homossexuais adultos – a chamada sodomia – com fundamento no direito de privacidade, ao passo que, no caso brasileiro, desde o início, o combate à discriminação foi veiculado em virtude da exclusão discriminatória contra homossexuais do regime geral da previdência social, quando se trata de pensão e auxílio-reclusão para companheiro do mesmo sexo.

Uma hipótese para a compreensão desse fenômeno vem da gênese histórica das políticas públicas no Brasil. Gestadas em suas formulações pioneiras em contextos autoritários, nos quais os indivíduos eram concebidos muito mais como objetos de regulação estatal do que sujeitos de direitos, estas dinâmicas nutrem concepções frágeis acerca da dignidade e da liberdade individuais. Alimentadas da disputa política entre oligarquias e do referencial do positivismo social, as políticas públicas no Brasil caracterizaram-se pela centralidade da figura do trabalhador como cidadão tutelado, caracterizando um ambiente de progresso econômico e social autoritário, sem espaço para os princípios da dignidade, da autonomia e da liberdade individuais. Daí a persistência de uma tradição que privilegia o acesso a prestações estatais positivas em detrimento da valorização do indivíduo e de sua esfera de liberdade e respeito à sua dignidade, dinâmica que se manifesta na história das demandas por direitos sexuais mediados pelos direitos sociais no Brasil.

A segunda tendência é a recorrência dos argumentos do direito de família como fundamentação para o reconhecimento de direitos de homossexuais. De fato, não é difícil perceber que, em muitos casos, a inserção de conteúdos antidiscriminatórios relativos à orientação sexual valeu-se de argumentos de direito de família, o que se manifesta de modo cristalino pela extensão do debate jurídico – nos tribunais e naqueles que se dedicam a estudar direitos sexuais – acerca da qualificação das uniões de pessoas do mesmo sexo. A par da polêmica sobre a figura jurídica adequada a essas uniões, é comum associar-se de modo necessário o reconhecimento da dignidade e dos direitos dos envolvidos à assimilação de sua conduta e de sua personalidade ao paradigma familiar tradicional heterossexual.

É o que sugere, por exemplo, a leitura de precedentes judiciais que deferem direitos ao argumento de que, afora a igualdade dos sexos, os partícipes da relação reproduzem em tudo a vivência dos casais heterossexuais – postura que facilmente desemboca numa lógica assimilacionista. Nesta, o reconhecimento dos direitos depende da satisfação de predicados como comportamento adequado, aprovação social, reprodução de uma ideologia familista, fidelidade conjugal como valor imprescindível e reiteração de papéis definidos de gênero. Daí, inclusive, a dificuldade de lidar com temas como prostituição, travestismo, liberdade sexual, sadomasoquismo e pornografia, por exemplo.

Ainda nessa linha, a formulação de expressões, ainda que bem intencionadas, como "homoafetividade", revela uma mentalidade homonormativa. Conservadora, na medida em que subordina os princípios de liberdade, igualdade e não discriminação, centrais para o desenvolvimento dos direitos sexuais a uma lógica assimilacionista; discriminatória, porque, na prática, distingue uma condição sexual "normal", palatável e "natural" de outra assimilável e tolerável, desde que bem comportada e "higienizada". Com efeito, a sexualidade heterossexual não só é dizível como tomada por referência para nomear o indivíduo "naturalmente" detentor de direitos (o heterossexual, que não necessita ser heteroafetivo), enquanto a sexualidade do homossexual é expurgada pela "afetividade", numa espécie de efeito mata-borrão.

As razões dessa recorrência ao direito de família podem ser buscadas na já registrada fragilidade dos princípios da autonomia individual, da dignidade humana e da privacidade que caracterizam nossa cultura. Com efeito, fora da comunidade familiar, onde o sujeito é compreendido mais como membro do que como indivíduo, mais como parte, meio e função do que como fim em si mesmo, não haveria espaço para o exercício de uma sexualidade indigna e de categoria inferior.

Uma rápida pesquisa sobre as respostas legislativas estaduais e municipais revela a predominância de duas perspectivas quanto à diversidade sexual e os direitos a ela relacionados. De um lado, diplomas legais de cunho mais particularista, nos quais uma categoria de cidadãos é identificada como destinatária específica da proteção: são os casos, por exemplo, da legislação paulista sobre combate à discriminação por orientação sexual, Lei n.º 10.948 de 2001, comparado com diplomas mais universalistas, destacando-se a lei gaúcha, Lei n.º 11.872 de 2002. De fato, enquanto o primeiro diploma refere-se a "qualquer cidadão homossexual (masculino ou feminino), bissexual ou transgênero" (conforme o art. 1º da lei paulista), o segundo, gaúcho, "reconhece o direito à igual dignidade da pessoa humana de todos os seus cidadãos, devendo para tanto promover sua integração e reprimir os atos atentatórios a esta dignidade, especialmente toda forma de discriminação fundada na orientação, práticas, manifestação, identidade, preferências sexuais, exercidas dentro dos limites da liberdade de cada um e sem prejuízo a terceiros" (2002, art. 1º).

Não se questiona, em nenhum momento, a intenção antidiscriminatória presente nestes dois modelos de respostas acima expostos. Todavia, é necessário atentar para as vantagens, desvantagens e os riscos próprios de cada um.

Com efeito, a adoção de estratégias mais particularistas expõe-se a riscos importantes: reificar identidades, apontar para um reforço do gueto e incrementar reações repressivas (basta verificar o contradiscurso conservador dos "direitos especiais" e a ressurgência de legislação medicalizadora "curativa" de homossexuais). Isso sem se falar dos perigos de limitar a liberdade individual na potencialmente fluida esfera da sexualidade (preocupação expressa pela chamada "teoria *queer*") e de requerer, quando acionados os mecanismos de participação política e de proteção estatal, definições identitárias mais rígidas acerca de quem é considerado sujeito da proteção jurídica específica. Nesse contexto, parece preferível a adoção de estratégias mais universalistas. Elas parecem ser capazes de suplantar as dificuldades de uma concepção meramente formal de igualdade, desde que atentas às diferenças reais e às especificidades que se constroem a cada momento, sem nelas se fechar; trata-se de reconhecer a diferença sem canonizá-la, trabalhar com as identidades autoatribuídas sem torná-las fixas e rejeitar a reificação do outro.

A decisão do Supremo Tribunal Federal sobre a união de pessoas do mesmo sexo

Sem dúvida, a decisão do STF, por unanimidade, de que a união contínua, pública e duradoura entre pessoas do mesmo sexo constitui entidade familiar, como união estável, dando interpretação conforme a Constituição ao Código Civil, art. 1.273 (Arguição de Descumprimento de Preceito Fundamental n.º 132 e Ação Direta de Inconstitucionalidade n.º 4.277, decisão conjunta) repercute de forma muito intensa no desenrolar dos direitos sexuais no Brasil.

Essa seção se debruça sobre a repercussão jurídica da decisão acima. Mesmo assim, com relação às demais, vale registrar, ainda que somente de passagem, que a manifestação do tribunal impacta o psiquismo de muitos indivíduos e famílias, auxiliando-os a se perceberem de modo mais tranquilo e menos atormentado, dada a força simbólica que ela carrega, haja vista que tantos intimamente convivem de modo atribulado com a sexualidade própria e de seus íntimos.

A repercussão política da decisão judicial também vai além de qualquer dúvida. Logo após a decisão ter sido tomada, vieram a público, nos meios de comunicação, em marchas públicas, nos púlpitos e até mesmo no Parlamento, militantes e ativistas religiosos bradando contra o "ativismo" judicial do STF, a "usurpação" da competência do Parlamento, até mesmo pelo "direito" dos religiosos influírem, enquanto porta-vozes de uma crença estatisticamente majoritária, nos assuntos do Estado.

Registradas essas repercussões, esta análise se concentra no âmbito propriamente jurídico, dividindo-se em dois tempos. Inicialmente, serão listadas algumas das mais importantes e diretas repercussões jurídicas da histórica decisão do STF, bem como seu significado imediato para o debate, inclusive enfrentando a objeção da "usurpação" e do "ativismo" de que é acusado o STF. A seguir, serão destacados alguns argumentos trazidos nos votos já divulgados, considerando seu impacto para o fortalecimento ou não dos direitos humanos e dos direitos sexuais, assim como concebidos nas etapas acima expostas.

Repercussões jurídicas, políticas e sociais da decisão do Supremo Tribunal Federal

Muito se pode perguntar acerca do significado e da repercussão imediatos da decisão tomada pelo STF. Destacarei alguns tópicos: (a) Qual o significado desta decisão? (b) Qual a repercussão para outras áreas do Direito? (c) O STF legislou, atropelando o Congresso Nacional? (d) Quais as consequências práticas da decisão?

O significado é inestimável para a consolidação da democracia e dos direitos fundamentais (a). Afirmaram-se direitos básicos, a todos reconhecidos, como a liberdade sexual, a proibição de discriminação sexual, a privacidade, a intimidade, o respeito à dignidade da pessoa humana, a diversidade e o pluralismo.

A afirmação quanto à existência e às consequências desses direitos, especialmente na esfera da sexualidade, onde minorias sexuais são discriminadas, deixa claro o dever de respeito e a dignidade constitucional de que são merecedores os homossexuais. Isso ainda que eventuais maiorias, por sondagens de opinião ou por representantes eleitos, tentem impor seus preconceitos.

Nesse sentido, nunca será demasiado salientar que o STF reconheceu, categórica e explicitamente, no rol de discriminações constitucionalmente censuradas, a discriminação homofóbica. Este passo é de suma importância para o desenvolvimento e a consolidação do direito antidiscriminatório brasileiro, pois se trata de enfrentar uma espécie de preconceito que, ainda nos dias de hoje, não só atua concreta e injustamente na vida de indivíduos e de grupos, como teima em se justificar.

A repercussão se dá em vários campos (b). A partir do incontestável dever de respeito às minorias sexuais e da relevância dos direitos sexuais, ficam superadas posturas que tentam justificar discriminações no trabalho, na educação, na saúde e nas mais diversas relações sociais.

Fica clara a urgência e a necessidade de medidas antidiscriminatórias, como a criminalização da homofobia. Ganha-se certeza sobre muitos temas, como por exemplo a possibilidade de postulação de adoção conjunta por pessoas do mesmo sexo em união estável. Abrem-se caminhos para levar a igualdade mais a sério, inclusive no direito de família, com o reconhecimento do direito ao casamento, como fez a Corte Constitucional da África do Sul.

O STF não legislou (c). Ele aplicou a própria Constituição, que já protege a todos de discriminação sexual, especialmente aqueles que são objeto de preconceito. Outros direitos também foram aplicados, especialmente a liberdade sexual e o respeito à dignidade humana. Daí a conclusão de que excluir as uniões homossexuais é restrição indevida, contra a Constituição, deixando claro que o parágrafo 3º do art. 226 da CF/88 não torna a união estável exclusiva para heterossexuais.

Nessa linha, saliente-se que o STF levou a sério os bens jurídicos constitucionalmente resguardados na Constituição, que são os valores do pluralismo e da diversidade, agora concretizados na esfera da sexualidade, com repercussão direta no direito de família, cujos conteúdos centrais foram dispostos no texto constitucional.

As consequências são práticas e efetivas (d). Todos os juízes brasileiros estão vinculados à decisão, não podendo mais rejeitar a união estável pelo fato de serem pessoas do mesmo sexo. Vários direitos daí decorrem, tais como: inclusão em planos de saúde, previdência, associação como dependente em clubes e sociedades, dever de alimentos em caso de necessidade, divisão de bens adquiridos na constância da união, direito à herança, usufruto dos bens do falecido e acompanhamento de parceiro em instituições hospitalares.

Sabedores dessa posição judicial, os particulares não mais poderão justificar tratamento prejudicial ao prestarem serviços ao público, muito menos sustentar a persistência de arraigados preconceitos.

A argumentação do Supremo Tribunal Federal: perspectivas e tensões diante dos direitos sexuais

Os argumentos trazidos à discussão pelos ministros que participaram do julgamento, ainda que unânimes quanto à qualificação jurídica das uniões homossexuais como uniões estáveis, revelam múltiplas facetas, cujo conteúdo faz refletir sobre o desenvolvimento dos direitos sexuais, tanto com relação à sua consolidação, quanto às tensões e aos desafios que estes enfrentam.

Neste momento, apresentam-se algumas dessas perspectivas e tensões, objetivando, sem qualquer intenção de diminuir a importância histórica e jurídica da decisão, aprofundar a reflexão. Trata-se de um esforço necessário, não só em prol da consolidação dogmática do "direito da sexualidade", como também diante das reações políticas e passionais deflagradas pelo julgamento (por exemplo, a agressividade contra o STF presente na "Marcha por Jesus", realizada no ano 2011, na capital paulista).

Inicia-se esta análise pelas perspectivas trazidas pela argumentação contida no julgamento, tendo em vista a afirmação dos direitos sexuais entre nós. Ponto central a merecer intenso destaque é a relação entre os direitos fundamentais e a sexualidade. Foi assentada, de modo muito claro e direto, a pertinência da sexualidade ao âmbito dos direitos fundamentais. Este raciocínio pode ser salientado, pelo menos, por duas vias: a ênfase na relação entre o direito de liberdade e a liberdade sexual e o dever de proteção constitucional, derivado dos direitos fundamentais, contra a discriminação por orientação sexual.

Com efeito, o voto do relator é preciso e enfático na relação entre o direito geral de liberdade e o direito fundamental de liberdade sexual. Mais ainda: ele aponta como diversos desdobramentos da liberdade constitucional promovem a proteção do exercício igual deste direito por todos, sem depender de orientação sexual. Nesse sentido, pode-se entender a concretização, colocada no voto do relator, da liberdade sexual em outras esferas, tais como direito à intimidade sexual e o direito à privacidade sexual.

Outro tópico notável foi a compreensão da proibição de discriminação por motivo de sexo. Conforme desenvolveu o tribunal, tal norma de direito fundamental abarca a proibição de discriminação em função da "preferência sexual" (registre-se que, noutros momentos, fez-se alusão às expressões "opção sexual" e "orientação sexual"). Foi explicitada a existência de um direito constitucional à isonomia também entre heterossexuais e homossexuais. Mesmo que a compreensão da proteção antidiscriminatória por motivo de sexo não tenha alcançado, neste julgamento, as hipóteses de identidade de gênero (transexualidade e travestilidade), não há dúvida de que o tribunal formulou, de modo claro e expresso, a abrangência do conceito constitucional de "sexo" para as hipóteses de discriminação por orientação sexual.

A par dessa abordagem, o julgamento também salienta o dever estatal, decorrente do conteúdo dos direitos fundamentais, de prover o exercício desses direitos com medidas de proteção. Foi mencionado que a inexistência de qualquer instituto jurídico, na hipótese, produz uma situação em que não há proteção minimamente adequada em face da discriminação. Trata-se, neste contexto, de uma verdadeira obrigação constitucional de não discriminação e de respeito à dignidade humana, às diferenças e à liberdade de orientação. A ausência da proteção estatal, consubstanciada no reconhecimento jurídico familiar das uniões homossexuais, configura, portanto, violação de direito fundamental à proteção.

Outro aspecto digno de nota é a afirmação da laicidade como princípio a reger a conduta estatal diante da discriminação por orientação sexual. Ela impede que concepções morais religiosas particulares detenham o Estado em seu dever de proteção aos direitos fundamentais, como acontece no direito à liberdade de orientação sexual.

A relação com o respeito à dignidade humana também foi registrada. Com fundamento neste dispositivo constitucional, salientou-se o respeito devido aos diversos projetos de vida por parte do Estado em relação aos indivíduos, o que fica prejudicado quando se trata do não reconhecimento da forma jurídica familiar em virtude de preconceito por orientação sexual.

A invocação da categoria dos direitos de reconhecimento constitui outro aspecto de relevância no julgado. Com efeito, inscrever o respeito à autonomia individual, ao livre desenvolvimento da personalidade e à diversidade de projetos de vida como uma questão de justiça simbólica dá concretude à ideia de dever de respeito à dignidade humana.

Por fim, destaco a afirmação clara acerca do direito à igual proteção por parte do Direito de que são titulares os homossexuais, não podendo o Estado adotar medidas que provoquem a exclusão desse grupo. De forma explícita, o tribunal assentou a censura constitucional à discriminação contra homossexuais, incluindo, deste modo, de forma expressa, a homofobia como uma das manifestações discriminatórias constitucionalmente vedadas.

Ao lado dessas perspectivas para o desenvolvimento dos direitos sexuais, há que se registrar também pontos de tensão para o desenvolvimento dos direitos sexuais. Sem adentrar na análise minuciosa de tais aspectos em face de vários argumentos trazidos à tona durante o julgamento, concentro-me nas consequências e riscos decorrentes da moldura jurídica em que a controvérsia foi apresentada ao tribunal, qual seja, o direito de família.

A circunstância de se tratar de um caso de Direito constitucional de família, por si só, faz necessária a ênfase em certos conteúdos próprios do direito de família, cuja presença desafia de modo particular a consolidação dos direitos sexuais. Isso porque a amplitude dos direitos sexuais vai muito além das questões abordadas pelo direito de família.

Com efeito, direitos sexuais dizem respeito à concretização dos direitos humanos e dos direitos fundamentais na esfera da sexualidade, cujo âmbito não se confunde nem se limita àquele peculiar à realidade dos agrupamentos familiares. Se é verdade que alguns direitos sexuais podem fundamentar a pertinência das uniões homossexuais ao conceito jurídico familiar de união estável (como fez o STF a partir da liberdade sexual), também o é que esta relação nem sempre será adequada e corretamente compreendida quando o que está em jogo é o conteúdo jurídico do direito sexual invocado.

Tome-se a liberdade sexual como demonstração emblemática desta tensão e dos riscos que ela encerra para a afirmação dos direitos sexuais. O conteúdo jurídico da liberdade sexual vai muito além da possibilidade de manter vida familiar com pessoa do mesmo sexo e receber proteção adequada, por parte do Estado, para a vivência dessa espécie de relação conjugal. O direito de liberdade sexual inclui esferas da intimidade (note-se que o ministro relator foi explícito no ponto, nele incluindo o "solitário desfrute", ilustrado pelo onanismo), que independem da conjugalidade familiar; inclui a busca do prazer sem qualquer projeto de conjugalidade afetiva; inclui a prestação de serviços sexuais a título oneroso; inclui a prática sexual simultânea com mais de um parceiro ou parceira; inclui também práticas sexuais consideradas não convencionais, como o sadomasoquismo.

Em virtude dessa moldura limitadora de direito de família a partir da qual, por razões de técnica processual, se desenrolou o julgamento, corre-se o risco de, numa leitura mais apressada ou conservadora, condicionar a compreensão do conteúdo jurídico dos direitos sexuais à convivência familiar.

O risco desse viés conservador, longe de ser mera especulação teórica, pode se cristalizar numa tendência que designo de assimilacionismo familista. Esta tendência se caracteriza pela conjugação de duas ideologias: o assimilacionismo (onde membros de grupos subordinados ou tidos como inferiores adotam padrões oriundos de grupos dominantes, em seu próprio detrimento) e o familismo (aqui entendido como tendência a subordinar o reconhecimento de direitos sexuais à adaptação a padrões familiares e conjugais institucionalizados pela heterossexualidade compulsória).

No campo da diversidade sexual, o assimilacionismo se manifesta por meio da legitimação da homossexualidade mediante a reprodução, afora o requisito da oposição de sexos, de modelos aprovados pela heteronormatividade. Vale dizer, a homossexualidade é aceita desde que nada acrescente ou questione os padrões heterossexuais hegemônicos, desde que anule qualquer pretensão de originalidade, transformação ou subversão do padrão heteronormativo. Nesta dinâmica, a tais arquétipos são associados atributos positivos, cuja reprodução se espera por parte de homossexuais, condição *sine qua non* para sua aceitação.

No assimilacionismo familista, a dimensão mais palatável, e cuja adaptação mais facilmente pode ocorrer, verifica-se nas relações familiares, dada a predominância, na dogmática contemporânea do direito de família, das realidades existenciais em detrimento do formalismo nos vínculos jurídicos, diretriz antes predominante. Nesse contexto, a identificação do "afeto" como fator distintivo dos relacionamentos e identificador dos vínculos familiares, cumpre função anestésica e acomodadora da diversidade sexual às normas da heterossexualidade compulsória, na medida em que propõe a "aceitação" da homossexualidade sem qualquer questionamento mais intenso dos padrões sexuais hegemônicos. Isso porque a "afetividade" acaba funcionando como justificativa para a aceitação de dissonâncias à norma heterossexual, servindo como um mecanismo de anulação, por compensação, de práticas e preferências sexuais heterodoxas, cujo desvalor fica contrabalanceado pela "pureza dos sentimentos". Dessa forma, opera-se uma assimilação ao mesmo padrão que se buscava enfrentar, produzindo a partir daí um novo rol de exclusões.

Não obstante a afirmação nos diversos votos que instruíram o julgamento, por vezes rigorosa e contínua, da pertinência da liberdade sexual e do respeito à orientação sexual no âmbito dos direitos fundamentais, é impossível não perceber os riscos inerentes à exaltação do afeto e à sublimação da sexualidade.

Nesse sentido, sem deixar de reconhecer as intenções antidiscriminatórias presentes na cunhagem do termo, não é por acaso que se disseminou o uso do termo "homoafetividade". Trata-se de expressão familista que muito dificilmente pode ser apartada de conteúdos conservadores e discriminatórios, por nutrir-se da lógica assimilacionista, sem o que a "purificação" da sexualidade reprovada pela heterossexualidade compulsória compromete-se gravemente, tudo com sérios prejuízos aos direitos sexuais e à valorização mais consistente da diversidade sexual.

Registre-se, por fim, que, em sua manifestação mais direta, esse discurso tangencia o conservadorismo, na medida em que a orientação sexual necessita ser "higienizada" de conteúdos negativos (promiscuidade e falta de seriedade) que, a *contrariu sensu* da hegemonia heterossexual, se associam à homossexualidade.

Os riscos inerentes à perspectiva fraca dos direitos sexuais têm relação direta com o contexto jurídico em que foi proferido o julgamento. Eles se colocam pelo modo como os operadores jurídicos, acadêmicos e a sociedade em geral receberão as conclusões do julgado, mais do que dos termos em que expressos os diversos votos, ainda que, em alguns deles, esta tensão se apresente.

A breve e recente história dos direitos sexuais no Brasil revela a recorrência ao direito de família como fundamentação para o reconhecimento de direitos de homossexuais, fenômeno que designo como "familismo jurídico". Não é difícil perceber que, em muitos casos, o sucesso de demandas relativas à orientação sexual valeu-se de argumentos de direito de família, o que se manifesta de modo cristalino pela extensão do debate jurídico – nos tribunais e naqueles que se dedicam a estudar direitos sexuais – acerca da qualificação das conjugalidades homoeróticas. Ao se discutir sobre a figura jurídica adequada a essas uniões, é comum associar-se, de modo necessário, o reconhecimento da dignidade e dos direitos dos envolvidos à assimilação de sua conduta e de sua personalidade ao do paradigma familiar tradicional heterossexual. É o que sugere, por exemplo, a leitura de precedentes judiciais que deferem direitos ao argumento de que, além da igualdade dos sexos, os partícipes da relação reproduzem em tudo a vivência dos casais heterossexuais – postura nitidamente nutrida na lógica assimilacionista.

No assimilacionismo, o reconhecimento dos direitos depende da satisfação de predicados como comportamento adequado, aprovação social, reprodução de uma ideologia familista, fidelidade conjugal como valor imprescindível e reiteração de papéis definidos de gênero. Daí, inclusive, a dificuldade de lidar com temas como prostituição, travestilidades, liberdade sexual, sadomasoquismo e pornografia.

Como acima dito, a formulação de expressões, ainda que bem intencionadas, como "homoafetividade", revela uma tentativa de adequação à norma, que pode revelar uma subordinação dos princípios de liberdade, igualdade e não discriminação, centrais para o desenvolvimento dos direitos sexuais a uma lógica assimilacionista. Tal tipificação produziria um efeito contrário, revelando-se também discriminatória, pois, na prática, distingue uma condição sexual "normal", palatável e "natural" de outra assimilável e tolerável, desde que bem comportada e "higienizada". A sexualidade heterossexual não só é tomada como referência para nomear o indivíduo "naturalmente" detentor de direitos (o heterossexual, que nunca necessitou ser heteroafetivo para ter direitos reconhecidos), enquanto a sexualidade do homossexual é expurgada pela "afetividade", numa espécie de efeito mata-borrão.

As razões da recorrência aos conceitos mais tradicionais no campo do direito de família podem ser buscadas na fragilidade dos princípios da autonomia individual, da dignidade humana e da privacidade que caracterizam nossa cultura. Com efeito, fora da comunidade familiar, onde o sujeito é compreendido mais como membro do que como indivíduo, mais como parte, meio e função do que como fim em si mesmo, não haveria espaço para o exercício de uma sexualidade indigna e de categoria inferior.

Nessa linha, podem ser compreendidos a tensão, do ponto de vista dos direitos sexuais, decorrente da inclusão das uniões homossexuais como novas espécies de comunidades familiares, diversas das uniões estáveis, em virtude da analogia.

A analogia é uma forma de raciocínio que parte da consagração da regulação de determinadas hipóteses, consideradas como parâmetro, e da diversidade destas hipóteses com outras, excepcionais, que estão fora do âmbito da normalidade do parâmetro consagrado. Diante da lacuna, a analogia identifica, ainda que se trate de situações diversas, semelhanças relevantes, justificadoras da aplicação do mesmo tratamento normativo conferido à hipótese paradigmática para a hipótese excepcional.

A aplicação desse raciocínio, reservando às "uniões homoafetivas" uma espécie de regulação da exceção pela submissão ao paradigma heterossexual, acaba por contrariar a ideia de diversidade sexual. Com efeito, na perspectiva da diversidade sexual, que informa a ideia de direitos sexuais, as diversas manifestações sexuais são tomadas em pé de igualdade, o que não se compatibiliza com as premissas do procedimento analógico empregado.

Desafios atuais em matéria de orientação sexual e identidade de gênero: criminalização da homofobia, despatologização e afirmação da laicidade

A necessidade de uma abordagem mais forte contra a discriminação por orientação sexual fica patente em face dos desafios atuais no contexto brasileiro. Os debates sobre criminalização da homofobia, a proposta de disponibilização pública de tratamentos terapêuticos para reversão da homossexualidade e a tendência à patologização da transexualidade deixam claro quanto o heterossexismo reage diante do reconhecimento de direitos sexuais e quão ameaçados estão os direitos até agora conquistados.

Criminalização da homofobia

A prevenção e a repressão de condutas homofóbicas caminha lado a lado do reconhecimento dos direitos fundamentais vinculados à orientação sexual e identidade de gênero. Assim, uma vez afirmado o direito à liberdade de expressão sexual, exige-se a tomada de medidas protetivas em face da discriminação que ameaça e viola tal direito. Daí a responsabilização, nas esferas civil, trabalhista e administrativa, por condutas homofóbicas; daí também a interpretação conforme a Constituição realizada pelo STF, incluindo no reconhecimento constitucional da união estável também as pessoas de mesmo sexo.

Todavia, diante da intensidade da violência homofóbica no Brasil, mostra-se necessária uma reação mais forte, que inclua, no seio da legislação antidiscriminatória, proteção de natureza criminal. Com efeito, um dos desafios básicos para a democracia no Brasil é a construção de uma sociedade sem discriminações, em que a liberdade de cada um de conduzir sua vida de modo autônomo seja respeitada. Para tanto, é preciso agir em várias frentes: medidas educativas, oportunidades de participação política e serviços públicos de saúde, segurança e justiça preparados para lidar com a diversidade – tudo isso é necessário.

Nesse contexto, a legislação antidiscriminatória se revela, ao lado das demais iniciativas, um dos instrumentos mais importantes. Não é por acaso que, desde o final do nazifascismo, preconceito e discriminação têm sido criminalizados. No Brasil, por exemplo, a Lei n.º 7.716/1989 define como crime tratamentos prejudiciais por raça, cor, etnia, religião ou procedência nacional.

As funções que a legislação penal cumpre são insubstituíveis: além de possibilitar a punição de atentados graves contra a vida, a liberdade, a igualdade e a dignidade humana, a lei penal tem caráter pedagógico e simbólico. Ela aponta quais são os bens jurídicos mais relevantes, entre os quais se inclui, sem dúvida, numa sociedade democrática e pluralista, o respeito à diversidade. Tudo isso se torna urgente quando preconceitos, costumes e visões de mundo se voltam contra cidadãos pelo simples fato de não se identificarem ou não serem percebidos como heterossexuais (homofobia).

Desde há muito, homossexuais, bissexuais, travestis e transexuais sofrem agressões físicas e morais intensas: assassinatos, espancamentos, ofensas verbais, demissão do emprego e exclusão escolar são terrível e vergonhosamente frequentes. Essa dinâmica é alimentada, direta e indiretamente, por opiniões e atitudes intolerantes diante de tudo que contrarie essa mentalidade heterossexista.

Nesse quadro, a inclusão da homofobia entre as formas de discriminação penalmente puníveis é justa e necessária. Necessária porque, além de ter caráter repressivo pela punição de atos homofóbicos, atua preventivamente, evitando e desencorajando tais práticas. Justa porque fortalece o respeito à diversidade e à dignidade humana, sem o que não há garantias para a igual liberdade de todos, independentemente de cor, origem, religião, sexo, orientação sexual, identidade de gênero ou outras formas de discriminação.

Deixar a homofobia fora da lista de discriminações que a lei penal sanciona é atentar gravemente contra a democracia, a liberdade e a dignidade humanas, relegando um sem-número de cidadãos a uma cidadania de segunda classe. Ao mesmo tempo, é minar o convívio pluralista e tolerante, sem o que ninguém pode sentir-se seguro de que não será discriminado em virtude de sua identidade ou escolhas fundamentais relacionadas a cor, origem, religião, raça, sexo, gênero, orientação sexual, deficiência ou idade. No caso da homofobia, há muito que avançar, pois homossexuais, travestis e transexuais ainda são estigmatizados e subjugados como seres abjetos.

Não se trata de cerceamento das liberdades de opinião ou de religião. Assim como na proibição do racismo, o que se quer evitar é que a injúria e a agressão, fomentadoras do ódio e da violência, campeiem sem restrições, pondo em risco e ofendendo a vida e a dignidade. A proibição de discursos e práticas discriminatórias não inviabiliza as liberdades de opinião, crença e manifestação. Ao contrário, a prática das liberdades no mundo plural requer seu exercício sem violência ou intolerância (como, aliás, legitimamente ocorre na criminalização do escárnio público de alguém por crença religiosa).

Prover o Brasil dos instrumentos para combater a homofobia é tanto mais necessário quanto mais vulneráveis são os indivíduos e grupos objeto de preconceito e quanto mais intensa é a discriminação. Trata-se não só de imperativo constitucional e de compromisso democrático como também do respeito que é devido a todos os seres humanos, independentemente de identidade, preferência ou orientação sexual.

Tratamentos terapêuticos de "reversão da homossexualidade"

Se a omissão legislativa quanto à criminalização da homofobia acaba por enfraquecer o enfrentamento das violações por motivo de orientação sexual e de identidade de gênero, ainda mais flagrante é a ameaça aos direitos humanos e fundamentais representada pela tentativa de institucionalizar, no sistema público de saúde, terapias de "reversão da homossexualidade".

É o que ocorre no Parlamento federal brasileiro, onde nas últimas legislaturas há projetos objetivando anular resolução do Conselho Federal de Psicologia, os quais proíbem o oferecimento de tratamentos psicológicos desenvolvidos sob a premissa de que a homossexualidade seria uma doença. Sob o pretexto de garantir a liberdade de profissão e de consciência titularizadas pelos profissionais psicólogos, tais projetos esquecem que a resolução atacada dispõe, na verdade, sobre ética na profissão psicológica, ao dispor que, efetivamente, psicólogos não podem tratar como se fosse doença aquilo que não é (a orientação sexual homossexual). Com efeito, não há "liberdade de diagnosticar", como doença, aquilo que o conhecimento científico consolidado já demonstrou não ser doença, ainda mais quando motivações preconceituosas se fazem presentes, nutridas por convicções desprovidas de qualquer base científica.

Não bastasse isso, a pura e simples disseminação da ideia de "cura gay" é discriminatória e danosa, em especial para (a) pessoas que sofrem grave preconceito e discriminação homofóbicos e não encontram condições de reagir e para (b) crianças, adolescentes e jovens cujas famílias se deixam contaminar pelo preconceito, estando em especial posição de vulnerabilidade, inclusive no espaço familiar. A ideia de "cura gay", em si mesma, deixa inquestionada e naturaliza um lugar privilegiado para a heterossexualidade em detrimento de todas as demais expressões da sexualidade, configurando verdadeiro heterossexismo. Nesta linha, mostra-se inadequada, portanto, qualquer perspectiva que objetive criticar a "cura gay" com argumentos buscando justificar a "normalidade" da homossexualidade, pois heterossexualidade e homossexualidade são expressões sociais, culturais, históricas e políticas dos modos de existir como indivíduo e de organizar a sociedade.

O espaço público democrático, em especial a esfera estatal, não admite desrespeito ou considerações pejorativas e negativas, por palavras e atos, em desfavor de cidadãos, com motivação discriminatória, tais como comparar condutas homossexuais a atos legalmente ilícitos ("não desrespeitamos homossexuais, mas sim condutas homossexuais, pois ilegítimas, porque estão são como roubar ou ofender alguém"). Isso sem falar no risco de alguns defenderem tais posições com objetivos econômicos, como ter à disposição recursos públicos da saúde a serem utilizados por instituições privadas, de modo contrário ao conhecimento científico e com propósito discriminatório.

Abordagens biomédica e de direitos humanos diante da identidade de gênero

Por fim, as demandas envolvendo identidade de gênero revelam outro dos desafios brasileiros contemporâneos em matéria de direitos sexuais. Elas podem ser agrupadas conforme o direito disputado (retificação de nome civil, retificação de sexo no registro civil mediante procedimento médico de mudança de sexo; retificação de nome e de sexo no registro civil sem a necessidade de procedimento médico) e conforme a argumentação invocada para sustentar o pedido (argumentos biomédicos e argumentos de liberdade, autonomia, privacidade, respeito à dignidade e igualdade).

Articulando esses dois grupos, podem-se examinar os direitos disputados a partir da argumentação desenvolvida. Em um grupo, constatam-se demandas por retificação de nome e de sexo com a necessidade de aprovação e procedimentos médicos; no segundo grupo, estes direitos não dependem da aprovação biomédica, muito menos da submissão do indivíduo a procedimentos terapêuticos, sejam estes cirúrgicos ou não. Nesta análise, a abordagem do primeiro grupo recebe o nome de abordagem biomédica, ao passo que a abordagem do segundo grupo denomina-se abordagem de direitos humanos.

A abordagem biomédica das questões jurídicas de identidade de gênero privilegia a perspectiva da doença e do distúrbio psíquico-orgânico (a transexualidade como disforia de gênero, popularizada na expressão "erro da natureza"). Nesta linha, ela desenvolve uma argumentação jurídica centrada no exercício do direito à saúde, entendido como acesso a uma prestação de saúde.

Essa abordagem carrega consigo a patologização como estratégia de legitimação do direito pleiteado: sem o reconhecimento do defeito da natureza, não há aprovação social, moral e jurídica. A premissa de seu raciocínio é o binarismo de gênero e, mais ainda, a conformidade do sexo biológico ao gênero assignado pelo tratamento médico. Sua lógica é normalizadora, vale dizer, e submete-se aos padrões vigentes e reificados nas identidades masculina e feminina, experimentadas como manifestações das duas únicas possibilidades de corpo sexual: macho e fêmea, homem e mulher.

A abordagem de direitos humanos diante das demandas de identidade de gênero, a seu turno, vislumbra a existência concreta dos indivíduos a partir de um amplo leque de possibilidades, isto é, da diversidade sexual. Deste modo, estrutura sua argumentação mediante a concretização dos direitos humanos e fundamentais de liberdade, privacidade, respeito à dignidade humana e igualdade, compreendido como proibição de discriminação por motivo de sexo e de gênero.

Por essa via argumentativa, parte-se do reconhecimento e da aceitação da diversidade como um fato e como algo a ser valorizado e promovido, sem a necessidade de legitimar os diversos modos de estar no mundo e de vivenciar a sexualidade pela conformidade ao binarismo de gênero. Neste contexto, é importante registrar a existência, no Parlamento Federal Brasileiro, de projeto de lei sobre identidade de gênero, elaborado de acordo com esta perspectiva.

Do ponto de vista dos direitos humanos e fundamentais, a dianteira de uma ou outra perspectiva não é irrelevante. Ao contrário, a força normativa da Constituição e o consequente dever de adotar a compreensão que maior eficácia empreste aos direitos fundamentais requer a prevalência da interpretação que harmonize, se necessário, o direito à saúde a partir da perspectiva da liberdade, da igualdade e da proteção da dignidade humana. Não se trata de hierarquizar direitos fundamentais, privilegiando direitos de liberdade negativa sobre direitos prestacionais positivos. O que está em jogo é como dar concretude à noção da indivisibilidade e da interdependência entre os vários direitos humanos fundamentais, de modo a alcançar a maior eficácia jurídica de todos os direitos fundamentais.

O fenômeno da transexualidade é emblemático para se demonstrar esta dinâmica entre os vários direitos fundamentais. Isso porque a medicalização é a abordagem que predomina quando o assunto é transexualidade, donde a ênfase no debate sobre o direito à intervenção cirúrgica, instrumento apto a reparar o "erro da natureza". Como acima referido, a esta perspectiva biomédica subjaz o chamado "binarismo de gênero", vale dizer, a concepção segundo a qual as identidades sexuais masculina e feminina correspondem a certos padrões predeterminados, resultantes de uma série de elementos e características. Quem define esta combinação é, basicamente, a atuação combinada de duas ordens de saber e de crenças: o poder que detêm os profissionais da saúde (vistos como guardiões do saber biomédico) de definir "cientificamente" quem é homem e quem é mulher e, a seu lado, a prevalência de determinadas percepções, socialmente dominantes, sobre o que é ser masculino e o que é ser feminino. Tanto é verdade que, para a apropriação médica da transexualidade como algo reservado à atuação e ao saber médicos, foi necessário separar os "verdadeiros" transexuais (mediante a enumeração de sintomas determinados, acima referidos) dos "falsos" transexuais.

Se tal binarismo for adotado no enfrentamento jurídico das questões relacionadas à identidade de gênero, estar-se-á reforçando a rigidez e a determinação por terceiros (os detentores do saber médico e as crenças majoritárias sobre o que ser verdadeiramente feminino e masculino) acerca da identidade sexual e de gênero que cada indivíduo experimenta e desenvolve em sua vida. Tal estará enfraquecendo, quando não comprometendo mortalmente, o conteúdo jurídico dos direitos de liberdade, de igualdade, de não discriminação e do respeito à dignidade humana.

Neste contexto, onde a autonomia e a igualdade, que são os valores básicos do constitucionalismo democrático, serão eclipsadas pelo poder alheio da medicalização e de opiniões socialmente dominantes, só restará uma alternativa aos seres humanos: deixar-se enquadrar no processo classificatório imposto por estas forças, onde o ser homem e o ser mulher, o ser masculino e o ser feminino dependerão sempre do atestado alheio. Tal exige e impõe o enquadramento segundo um processo classificatório heterônomo, onde um conjunto de características é avaliado, abrangendo fatores genético, gonadal, endócrino, genital e psíquico.

Caso seja adotada uma perspectiva que assuma acrítica ou ingenuamente o binarismo de gênero, está-se a perpetrar uma série de restrições a diversos direitos fundamentais. De fato, a imposição de uma visão rígida e inflexível do fenômeno humano das relações entre os gêneros tem impacto enorme em face de vários direitos fundamentais, para não dizer dramático.

Isso porque uma solução que se fundamente exclusivamente numa concepção biomédica e limitada conduz não só à limitação da esfera de autodeterminação de indivíduos "heterossexuais normais" (homens heterossexuais dotados de modos mais delicados e temperamento mais sensível, por exemplo, são excluídos em testes psicotécnicos para cargos públicos policiais por não atenderem à "escala de heterossexualidade") e de transexuais (que podem pleitear judicialmente, já tendo obtido sucesso, alteração de nome e registro civil sem submeter-se à cirurgia de transgenitalização), como também produz e legitima graves violações de direitos fundamentais de mulheres, travestis e homossexuais.

De fato, para os direitos das mulheres, uma solução orientada por tal binarismo rígido reforça dinâmicas históricas de subordinação feminina, reproduzindo situações e ideologias em que às mulheres são reservados o domínio do lar e um papel secundário na vida pública, social e econômica. Isso porque o reforço do binarismo de gênero tende a compactuar com diferencialismos sexuais que diminuem o espaço de construção de novas relações entre homens e mulheres, capazes de romper com privilégios e dominação masculinos. Num dos exemplos mais gritantes, repercussões jurídicas deste padrão chegaram, até bem pouco tempo atrás, a alimentar argumentos jurídicos que justificavam o estupro doméstico de esposas por maridos a pretexto de cumprimento de deveres conjugais, o assassinato de esposas por maridos em nome da legítima defesa da honra e a não caracterização do estupro como crime hediondo quando não houvesse violência ou grave ameaça, como se fosse possível estuprar uma mulher sem violência grave.

Com relação à homossexualidade, uma perspectiva que reforce o binarismo de gênero é devastadora. De fato, no horizonte desta dinâmica binária, a atração ou a conduta sexual de alguém em direção a indivíduo do mesmo sexo é considerada anormal e intolerável. Tanto que a proposta daqueles a quem mais incomoda e os quais menos toleram a diversidade sexual (que é o oposto do binarismo) é, pura e simplesmente, a eliminação da homossexualidade mediante a sua cura, através da inclusão de tratamentos médicos ou de rituais e práticas religiosas comunitárias, a serem inclusive disponibilizados ou custeados pelo Sistema Único de Saúde (SUS) e por outros órgãos do Poder Público, quando não a criminalização.

Para os direitos das travestis, o reforço do binarismo de gênero é ainda mais violento. As travestis, encarnando quiçá a experiência mais radical da autonomia individual diante das convenções sociais sobre o que é padronizado como "natural" quanto ao sexo e sobre o que é tolerável pelos padrões tradicionais e dominantes de convívio entre homens e mulheres, ousam inventar um novo modo de ser em termos de gênero, transitando verdadeiramente nas "fronteiras do gênero". Trata-se de uma construção de si peculiar e original, onde, do ponto de vista do gênero, os indivíduos travestis se constroem pelo feminino. Nas palavras de Marcos Benedetti, "o feminino travesti", onde, "ao mesmo tempo em que produzem meticulosamente traços e formas femininas no corpo, estão construindo e recriando seus valores de gênero, tanto no que concerne ao feminino como ao masculino". Como alertei logo acima, o reforço do binarismo de gênero em face das travestis incentiva todo o tipo de violência contra estes indivíduos: desde a desqualificação moral mais intensa até o frequente assassinato, as travestis são vítimas número um da violência discriminatória.

Nessa perspectiva junfundamental, o que se tem que evitar, a fim de superar a ideia de disforia sexual, é afirmar que só é masculino e só é feminino quem atender a uma determinada, rígida, fixa e excludente combinação de características, impostas pelas convicções sociais da maioria ou pela pretensão de um saber médico neutro e objetivo. Tal percepção, intransigente e inflexível, gera violações de direitos fundamentais e é fruto do fechar dos olhos à realidade: a sexualidade e a vida humana não se deixam enquadrar em padrões historicamente definidos por profissionais da saúde ou por representantes da opinião da maioria. A vida humana e suas manifestações são um *continuum*, que não se deixam aprisionar em polaridades opostas e compartimentos estanques.

Laicidade e direitos sexuais

Sem perder de vista a diversidade de questões e a originalidade de cada um destes desafios (criminalização da homofobia, propostas de tratamentos terapêuticos e a necessidade de uma abordagem de direitos humanos diante da identidade de gênero), há um pano de fundo no cenário brasileiro atual que perpassa todos estes debates e reivindicações. Cuida-se da consolidação da laicidade estatal como princípio organizador das políticas públicas, legislação e jurisprudência, diretriz que se encontra ameaçada por projetos de poder levados a cabo por forças políticas, presentes na sociedade brasileira, representantes de um pensamento cristão de matriz fundamentalista e com explícita militância política.

Com efeito, a relação entre o conteúdo jurídico desse princípio e a proteção dos direitos humanos e fundamentais relacionados à orientação sexual e à identidade de gênero pode ser afirmada pelos elementos destacados pelo STF, cuja jurisprudência vem salientando as seguintes dimensões: (a) a laicidade como princípio organizador da vida política nacional; (b) a laicidade como proteção relacionada ao direito fundamental de liberdade religiosa; (c) a laicidade como conteúdo jurídico protetivo da autonomia privada.

Em primeiro lugar, a laicidade foi afirmada *como princípio constitucional organizador da vida política nacional* (saliento as manifestações do ministro Celso de Mello, em especial na ADPF n.º 132 e na ADI n.º 3510). Qualificando o Estado brasileiro como laico, secular e democrático, o STF vislumbra na laicidade um postulado essencial da organização institucional do Estado, decorrente de uma decisão política fundamental, que demarca domínios próprios de atuação e de incidência do poder civil (secular).

Para tanto, identificam-se, ao menos, duas direções. A primeira direção atenta para a conduta estatal perante as instituições religiosas e as respectivas crenças. Trata-se da vedação de interferência estatal no espaço privado onde se insere e se organiza a fé religiosa, defendendo a liberdade religiosa de indivíduos e de grupos, assim como as instituições religiosas que se formam neste contexto. A outra direção cuida do eventual movimento das instituições religiosas em face do Estado. A laicidade requer que o Estado, diante de tal espécie de pretensão, não se deixe contaminar, nas suas ações ou omissões, por princípios teológicos ou razões de ordem confessional, ainda que provenientes de setores majoritários na sociedade. Aqui, portanto, insere-se a resistência que é exigida pelo Estado diante de iniciativas fundamentalistas que objetivem se apropriar das estruturas estatais. Desta primeira dimensão, onde a atenção se volta para a laicidade como princípio organizador da vida política, deflui a interdição de que concepções morais de cunho religioso guiem a conduta estatal quando estão em causa direitos fundamentais.

Em segundo lugar, e em estreita relação com a dimensão organizativa, a laicidade se apresenta como *princípio que objetiva proteger a liberdade religiosa em particular* na sociedade democrática e plural (dimensão também sublinhada pelo ministro Celso de Mello, nos precedentes referidos). Tanto assim que se indicam, entre o conteúdo material da laicidade, as liberdades de crença, de culto e de organização religiosa, em respeito ao pluralismo. O mandamento de neutralidade axiológica, presente na laicidade, é compreendido como uma exigência que tem por finalidade preservar a integridade da liberdade religiosa dos cidadãos.

Se a relação entre laicidade e liberdade religiosa (que é uma liberdade fundamental específica) é direta e explícita, vale destacar, num terceiro momento, a relação entre *a laicidade e o direito fundamental geral de liberdade*, de modo ainda mais amplo. A laicidade do Estado, conjugada com a autonomia privada, conduz à proteção da liberdade individual, de agir, por exemplo, em matéria reprodutiva, de acordo com seus valores e convicções (voto do ministro Joaquim Barbosa, na ADIN n.º 3.510).

Mediante a enumeração de alguns aspectos da laicidade, sublinhados pelo STF em precedentes discutindo direitos sexuais (reconhecimento das uniões estáveis entre pessoas do mesmo sexo) e reprodutivos (destino de células fecundadas na utilização de técnicas de fertilização artificial e interrupção de gestação de fetos em caso de anencefalia), pode-se adentrar a relação entre a laicidade e os direitos sexuais e reprodutivos em geral, com os olhos voltados para os deveres fundamentais de proteção.

Com efeito, tanto direitos constitucionais que garantem posições jurídicas fundamentais a seus titulares (como ocorre nos direitos de liberdade sexual e reprodutiva, assim como na liberdade religiosa) quanto princípios fundamentais organizadores da vida política (como é o caso da laicidade, no primeiro aspecto destacado nos julgamentos referidos) exigem ações e omissões estatais, ambas em favor da proteção, promoção e concretização dos seus respectivos objetos de proteção. Omissões, a fim de que o ente estatal não invada espaço de liberdade garantido aos indivíduos; ações, como imperativos de tutela dos bens da vida (liberdade sexual e reprodutiva), considerados fundamentais pela ordem constitucional.

Como visto na primeira parte, a laicidade se apresenta, objetivamente, como princípio constitucional fundamental, como "princípio da separação das confissões religiosas do Estado" (superação dos modelos de união político-religiosa) e como "princípio da não confessionalidade" (apartamento estatal das matérias e sujeitos religiosos, que age submetido à não confessionalidade). Ao mesmo tempo, ela se conecta, de modo íntimo, a direitos subjetivos constitucionalmente previstos, em especial à liberdade geral, liberdade sexual e reprodutiva, à liberdade religiosa e ao direito de igualdade, este enquanto mandamento que proíbe a discriminação por motivos religiosos.

Sendo assim, pode-se estabelecer uma relação de mão dupla entre a laicidade e os direitos fundamentais. Vale dizer: considerar tanto o que a laicidade contribui para a compreensão e o exercício de direitos fundamentais quanto aquilo que a previsão de direitos fundamentais (em especial, sexuais e reprodutivos) aponta para a compreensão da laicidade e dos deveres de proteção a ela associados.

Com efeito, de um lado, a laicidade é princípio organizativo que se radica e pode ser visto como uma emanação do direito fundamental de liberdade religiosa, a esta liberdade servindo e concretizando. Desse modo, ao concretizar os direitos fundamentais, a laicidade exige que o Estado não adote nenhuma perspectiva religiosa, que não se utilize de diretrizes religiosas ao agir, que não discrimine indivíduos e grupos em virtude da presença ou da ausência de crenças religiosas.

De outro lado, os variados direitos fundamentais previstos na ordem constitucional, a que estão associados deveres constitucionais de proteção por parte do Estado, obrigam este não somente a abster-se de agir informado por diretrizes religiosas, como também a tomar medidas positivas e concretas quando pretensões religiosas tentarem, valendo-se ou não do aparato estatal, criar obstáculos para o exercício dos direitos fundamentais. De outro modo, omitindo-se de modo inconstitucional, o Estado compactua com violações a direitos fundamentais, precisamente por não se comprometer com a laicidade que não é somente organizativo e manifestação da dimensão objetiva da liberdade religiosa, mas também se relaciona com a proteção da liberdade, de modo amplo, e com outros direitos fundamentais. Este descompromisso, do ponto de vista jurídico, pode ser traduzido como omissão (relativa ao dever constitucional de proteção) contrária ao princípio constitucional fundamental que é a laicidade, compreendido de modo global.

Dito de outro modo, tendo em mente o objeto desta reflexão: a laicidade e os direitos fundamentais sexuais têm sua compreensão adequada, no contexto da Constituição de 1988, mediante uma consideração conjunta e sistemática. O sentido próprio de cada um requer atenção para esta relação de complementação. Nela, a laicidade informa os direitos sexuais e reprodutivos, deixando claro que, no desenvolvimento e no exercício destes, apresenta-se um espaço livre de interferência religiosa.

Essa liberdade se apresenta tanto de modo negativo (ausência de interferência indevida) como positivo (condições possibilitadoras do exercício dos direitos). No primeiro sentido, de modo negativo, impedindo que o Estado (em toda sua gama de atividades, legislativa, executiva e judiciária) se valha de diretrizes religiosas ao concretizar estes direitos; no segundo sentido, de modo positivo, obrigando que o Estado atue, a fim de proteger os direitos sexuais de indivíduos e de grupos, sempre que interferências religiosas intentem tomar ou restringir as condições para o reconhecimento e o exercício, nos espaços públicos, de tais direitos.

Tome-se a hipótese dos direitos sexuais. O Estado, organizado sob a égide da laicidade, tem de desenvolver uma legislação, jurisprudência, administração e políticas públicas que, no âmbito da saúde, não somente evitem a adoção de diretrizes religiosas, mas que não se omitam caso pretensões ou iniciativas religiosas disseminem a subordinação feminina ou a homofobia.

Nessa linha, pode-se refletir, por exemplo, a partir da decisão prolatada na ADPF n.º 132. A conclusão de que o Estado brasileiro omite-se, de modo inconstitucional, ao não disciplinar legalmente a união estável homossexual, quanto aos seus deveres constitucionais de proteção dos direitos fundamentais de liberdade sexual e de não discriminação por motivo de orientação sexual, demonstra que o direito fundamental de não discriminação por motivo de orientação sexual informa a laicidade. Como constitucionalmente prevista, ela se concretiza como um dever de agir para que razões religiosas não triunfem no espaço público e, deste modo, não imponham restrições inconstitucionais ao exercício da liberdade sexual e da não discriminação por motivo de orientação sexual.

Mais que isso: o sentido constitucional da laicidade só se alcança com a complementação dos direitos sexuais e reprodutivos, cujo conteúdo, estabelecido a partir desta relação, reclama um agir positivo que garanta o reconhecimento e o exercício destes direitos. Este agir positivo, como requerido perante o STF, importa uma manifestação estatal capaz de proteger, mediante um provimento judicial vinculante, os direitos sexuais dos titulares destes direitos fundamentais.

Conclusão

O cenário jurídico brasileiro contemporâneo, em matéria de direitos humanos e fundamentais relativos à orientação sexual e à identidade de gênero, caracteriza-se pelo avanço de determinadas demandas, resistência a medidas de proteção e, ao mesmo tempo, riscos concretos de retrocesso.

De fato, é inegável a importância e o peso, no mundo jurídico, da decisão do STF, referente à união estável de pessoas do mesmo sexo. Ao afirmar o *status* de direito fundamental à liberdade sexual e à proibição de discriminação por motivo de orientação sexual, e ao reconhecer a diversidade sexual como um dado relevante e protegido pelo direito constitucional, a atuação do tribunal acabou por consolidar uma trajetória jurisprudencial de reconhecimento de direitos, em especial quanto à orientação sexual. Oxalá posicionamento jurisprudencial igualmente fortalecedor dos direitos humanos e fundamentais se verifique quando o tribunal vier a apreciar a ação de inconstitucionalidade que diz respeito à identidade de gênero, cuja fundamentação reflete uma abordagem de direitos humanos.

Por outro lado, há resistência cada vez maior diante das propostas legislativas que instituem respostas criminais para o enfrentamento da homofobia, articulada em especial por setores que investem na contaminação do debate público democrático mediante a invocação de razões religiosas, em nítida afronta à laicidade estatal.

Nesse contexto, a luta contra a homofobia e o heterossexismo, que engendram a discriminação por orientação sexual sofrida por gays, lésbicas, travestis e transexuais é arena emblemática e decisiva. Ela permite, ao mesmo tempo em que os direitos sexuais são desenvolvidos, superar graves injustiças e construir padrões mais democráticos e pluralistas no convívio social onde a diversidade e o respeito são valores básicos e necessários para todos.

Referências

BENEDETTI, Marcos Renato. Rio de Janeiro. Garamond. 2005.

BOSI, Alfredo. *A dialética da colonização*. Rio de Janeiro: Companhia das Letras, 1992.

BRASIL. Código Civil. Lei n.º 3.071, de 1º de janeiro de 1916. Disponível em: <http://www.planalto.gov.br/Ccivil_03/leis/L3071.htm>. Acesso em: 09 fev. 2018.

BRASIL. Conselho Nacional de Combate à Discriminação. *Brasil Sem Homofobia: Programa de Combate à Violência e à Discriminação contra GLTB e Promoção da Cidadania Homossexual.* Brasília, DF: Ministério da Saúde, 2004. Disponível em: <http://bvsms.saude.gov.br/bvs/publicacoes/brasil_sem_homofobia.pdf>. Acesso em: 4 ago. 2008.

BRASIL. Câmara dos Deputados. Proposta de Emenda Constitucional n.º 67 de 1999. Brasília, DF, 2013. Disponível em: <http://www.camara.gov.br/proposicoesWeb/fichadetramitacao?idProposicao=14330>. Acesso em: 28 ago. 2013.

BRASIL. Câmara dos Deputados. Projeto de Lei n.º 5.002 de 2013. Brasília, DF, 2013. Disponível em: <http://www.camara.gov.br/proposicoesWeb/fichadetramitacao?idProposicao=565315>. Acesso em: 28 jun. 2013.

BRASIL. *Decreto-lei n.º 7.716, de 5 de janeiro de 1989.* Define os crimes resultantes de preconceito de raça ou de cor. In: Diário Oficial da União, Seção 1, Brasília, 06/01/1989, p. 369.

BRASIL. Lei n.º 9.612, de 19 de fevereiro de 1998. Institui o Serviço de Radiodifusão Comunitária e dá outras providências. Brasília, DF, 1998. Disponível em: <http://www.planalto.gov.br/ccivil_03/leis/l9612.htm>. Acesso em: 28 ago. 2013.

BRASIL. Lei n.º 11.340, de 7 de agosto de 2006. Cria mecanismos para coibir a violência doméstica e familiar contra a mulher, nos termos do § 8o do art. 226 da Constituição Federal, da Convenção sobre a Eliminação de Todas as Formas de Discriminação contra as Mulheres e da Convenção Interamericana para Prevenir, Punir e Erradicar a Violência contra a Mulher, dispõe sobre a criação dos Juizados de Violência Doméstica e Familiar contra a Mulher, altera o Código de Processo Penal, o Código Penal e a Lei de Execução Penal, e dá outras providências. Brasília, DF, 2006. Disponível em: <http://www.planalto.gov.br/ccivil_03/_ato2004-2006/2006/lei/l11340.htm>. Acesso em: 28 ago. 2013.

BRASIL. Secretaria Especial dos Direitos Humanos. CEZÁRIO, Joelma; KOTLISNKI, Kelly; NAVARRO, Melissa. (Orgs.). *Legislação e Jurisprudência LGBTTT*. Brasília, DF, 2007.

BRASIL. Supremo Tribunal Federal. *Ação Direta de Inconstitucionalidade n.º 3.510/DF*. Requerente: Procurador-Geral da República. Requerido: Presidente da República e outros. Relator: Min. Ayres Britto. Brasília, DF, 2010.

BRASIL. Supremo Tribunal Federal. *Arguição de Descumprimento de Direito Fundamental n.º 132/RJ*. Requerente: Governador do Estado do Rio de Janeiro. Relator: Min. Ayres Britto. Brasília, DF, 2011.

BRASIL. Tribunal Regional Federal da 4ª Região. *Apelação Cível n.º 2001.71.00.026279-9*. Apelante: Ministério Público Federal. Apelado: União Federal. Relator Roger Raupp Rios. Porto Alegre, RS, 2007.

LEIVAS, Paulo Gilberto Cogo. Os homossexuais diante da Justiça: relato de uma Ação Civil Pública. In: GOLIN, Célio; POCAHY, Fernando; RIOS, Roger Raupp. (Orgs.). *A justiça e os direitos de gays e lésbicas: jurisprudência comentada*. Porto Alegre: Sulina, 2003.

MATO GROSSO (Estado). Constituição do Estado do Mato Grosso. Cuiabá, MT, 2011. Disponível em: <http://www.al.mt.gov.br/TNX/storage/constituicao-de-mato-grosso.pdf>. Acesso em: 28 ago. 2013.

OLIVEIRA, Rosa Maria Rodrigues de. *Direitos sexuais de LGBTTT no Brasil: jurisprudência, propostas legislativas e normatização federal*. Brasília, DF: Ministério da Justiça, Secretaria da Reforma do Judiciário, 2012.

RIO GRANDE DO SUL (Estado). Lei n.º 11.872, de 19 de dezembro de 2002. Dispõe sobre a promoção e reconhecimento da liberdade de orientação, prática, manifestação, identidade, preferência sexual e dá outras providências. Porto Alegre, RS, 2002. Disponível em: <http://www.al.rs.gov.br/legis/>. Acesso em: 4 ago. 2008.

RIOS, Roger Raupp. *Sexual Rights of Gays,s, Lesbianss, and Transgenders Persons in Latin America: A Judge's View*. In: CORRALES, Javier; PECHENY, Mario. (Orgs.). *The Politics of Sexuality in Latin America*. Pittsburgh: University of Pittsburgh Press, 2010. p. 251-258.

RIOS, Roger Raupp; SANTOS, Wederson. Diversidade sexual, educação e sociedade: reflexões a partir do Programa Nacional do Livro Didático. In: LIONÇO, Tatiana; DINIZ, Debora. *Homofobia e educação: um desafio ao silêncio*. Brasília, DF: LetrasLivres; UnB, 2009.

RIOS, Roger Raupp. Uniões homossexuais: adaptar-se ao direito de família ou transformá-lo? Por uma nova modalidade de comunidade familiar. In: UZIEL, A. P.; GROSSI, M.; MELLO, L. (Orgs.). *Conjuga-*

lidades, parentalidades e identidades lésbicas, gays e travestis. Rio de Janeiro: Garamond, 2004. p. 109-30.

RIOS, Roger Raupp. Direitos sexuais, uniões homossexuais e a decisão do Supremo Tribunal Federal (ADPF n.º 132-RJ e ADI 4.277). In: RIOS, R. R., GOLIN, C.; LEIVAS, P. G. C. (Orgs.). *Homosssexualidade e direitos sexuais: reflexões a partir da decisão do STF*. Porto Alegre: Sulina, 2011. p. 69-114.

RIOS, Roger Raupp. *As uniões homossexuais e a "família homoafetiva": o direito de família como instrumento de adaptação e conservadorismo ou a possibilidade de sua transformação e inovação*. 2012. Disponível em: <http://civilistica.com/as-unioes-homossexuais-e-a-familia-homoafetiva-o-direito-de-familia-como-instrumento-de-adaptacao-e-conservadorismo-ou-a-possibilidade-de-sua-transformacao-e-inovacao/>. Acesso em: 28 ago. 2013.

RIOS, Roger Raupp. Apuntes para un derecho democratico de la sexualidad. In: CASTILLO, Vítor L. G.; BORRILLO, Ángel. (Orgs.). *Derecho y política de las sexualidades: una perspectiva latino-mediterránea*. Barcelona: Huygens, 2013. p. 73-94. Disponível em: <http://www.ciudadaniasexual.org/publicaciones/M4%20R.%20Rios%20Derecho-delasexualida.pdf>. Acesso em: 21 ago. 2017.

RIOS, Roger Raupp. Direito da antidiscriminação, sexo, sexualidade e gênero: a compreensão constitucional de discriminação por motivo de sexo. In: COUTO, Edvaldo Souza; GOELLNER, Silvana. (Orgs.). *O triunfo do corpo: polêmicas contemporâneas*. Petrópolis, RJ: Vozes, 2012. p. 85-118.

RIOS, Roger Raupp; SHAFER, Gilberto; BORBA, Felipe. Direito da antidiscriminação e a criminalização da pederastia pelo Código Penal Militar. *Revista da AJURIS*, Porto Alegre, ano 26, n. 127, p. 311-330, 2012.

SÃO PAULO (Estado). Lei estadual n.º 10.948, de 5 de novembro de 2001. Dispõe sobre as penalidades a serem aplicadas à prática de discriminação em razão de orientação sexual e dá outras providências. São Paulo, SP, 2001. Disponível em: <http://www.legislacao.sp.gov.br/legislacao/index.htm>. Acesso em: 4 ago. 2008.

SERGIPE (Estado). *Constituição do Estado de Sergipe*. Aracaju, SE, 1989. Disponível em: <http://www.al.se.gov.br/constituicao_estadual.asp>. Acesso em: 28 ago. 2013.

SUIAMA, Sérgio. Em busca de um modelo autodeterminativo para o direito de transgêneros. In: RIOS, R. R.; GOLIN, C.; LEIVAS, P. G. C. (Orgs.). *Homosssexualidade e direitos sexuais: reflexões a partir da decisão do STF*. Porto Alegre: Sulina, 2011. p. 166-207.

TREVISAN, João Silvério. *Devassos no paraíso: a homossexualidade no Brasil, da colônia à atualidade*. Rio de Janeiro: Record, 2000. p. 67.

VIANNA, Adriana. *Direitos e políticas sexuais no Brasil: mapeamento e diagnóstico*. Rio de Janeiro: CEPESC, 2004. p. 51-62.

VITAL DA CUNHA, Christina. *Religião e política: uma análise de parlamentares evangélicos sobre direitos das mulheres e de LGBTs no Brasil*. Rio de Janeiro: Fundação Heinrich Boll, 2012.

WEINGARTNER NETO, Jayme. *A liberdade religiosa na Constituição*. Porto Alegre: Livraria do Advogado, 2010. p. 170.

Este livro foi composto com tipografia Minion Pro e impresso
em papel Off Set 75 g/m² na gráfica Paulinelli.